Gestione del tempo

Tecniche e soluzioni per vivere una vita di successo.
Come smettere di procrastinare, ritrovare la
motivazione e raggiungere i propri obiettivi.

Luca Vidal

SOMMARIO

INTRODUZIONE

"Chi ha tempo, non perda tempo" dice il famoso proverbio e nel secolo in cui il tempo non sembra mai essere abbastanza, in cui le giornate dovrebbero essere fatte di almeno 48 ore e la settimana avere come minimo due weekend, riuscire a gestire in modo efficiente il proprio tempo, non è più solo una questione di leadership e organizzazione, ma di vera e propria sopravvivenza.

Di tecniche, strategie, metodi ne è pieno il web, forse anche troppi, ma quali utilizzare? Imparare a gestire meglio il proprio tempo però, non vuol dire solo applicare ciò che si legge in giro, ma piuttosto fare una riflessione profonda su ciò che è il proprio vivere, comprendere le azioni, i comportamenti e le attività che si fanno, trovare ciò che meglio si adatta alla propria situazione, ciò che rende la gestione del proprio tempo efficiente, che permette ad ognuno di vivere al meglio. Questo libro vuole invitarvi ad iniziare un percorso di ricerca e sperimentazione, un cammino non solo per imparare il time management ma partendo da esso, un vero e proprio modo per rivoluzionare in meglio la propria esistenza.

Quindi non perdiamo altro tempo...

LA CONSAPEVOLEZZA

Il segreto per non perdere tempo è imparare di nuovo come "perdere" tempo.

Oggi viviamo in un momento storico in cui l'avvento della tecnologia avanzata e di Internet, hanno dato un'accelerata non indifferente a come il tempo viene percepito: il ritmo a cui avanzano le macchine è notevolmente aumentato rispetto a quello che l'uomo è in grado di sostenere. Riuscire a comprendere questa discrepanza è già un buon passo per una presa di consapevolezza, che è proprio il punto da cui partire per ottenere una gestione del tempo più efficiente e profittevole.

Riuscire a distaccarsi dal tempo che viviamo e osservarlo "dall'esterno" ci fa notare come uomini e donne del XXI secolo non siano più abituati a "perdere tempo".

In effetti se ci pensate un secondo, la vita al giorno d'oggi è molto frenetica e piena, non ci sono momenti di pausa e anche quando ci si ferma per staccare dalle proprie attività quotidiane, si continua comunque a riempire quel tempo con cose da fare: leggere un libro, uscire con gli amici, parlare al telefono, guardare un film, aggiornare i social.

Quindi per imparare a non perdere tempo, la prima cosa da fare è proprio quella che non vi aspettereste mai: fermarsi. Per riuscire a gestire meglio il proprio tempo, non solo se si è alle prime armi, ma in qualsiasi situazione vi troviate, fermarsi anche solo per un momento, è sempre una buona idea.

Riuscire a dirsi "stop" e farlo sul serio potrebbe risultare in realtà un'attività alquanto difficile, una vera e propria sfida, ma solo in questo modo sarete in grado di entrare davvero in connessione con voi stessi e con il tempo che avete a disposizione.

Attenzione però, fantasticare sul fermarsi per un po', potrebbe essere un'idea che in molti tra voi avranno sicuramente pensato in diverse occasioni, ma questa parte non deve assolutamente essere fraintesa. Fermarsi significa fermarsi, non fare altro o dedicarsi ad attività a cui non ci si riesce mai a dedicare. Stare senza far nulla non è né così scontato, né tanto meno così semplice, specialmente se siete abituati a fare molte attività, a tenervi impegnati, o a pensare di non avere mai del tempo libero.

Per questo motivo, un buon consiglio è quello di allenarsi: dedicate cinque minuti al giorno a fermarvi, scegliete voi la fascia della giornata in cui farlo, provate con diversi momenti all'inizio, per poi mantenerne uno fisso e cercate di portare avanti questa nuova abitudine. Chi è abituato a fare meditazione o yoga, potrebbe trovare questo esercizio più semplice.

Noterete come in realtà, la mente non riesca mai a fermarsi davvero, a come sia portata continuamente a pensare al futuro, a ciò che si farà dopo, ai problemi da risolvere, ai grandi interrogativi della vita.

In questa situazione la meditazione può venirci in aiuto: riuscire a concentrarsi sul proprio corpo, sulla propria respirazione, o su un focus più preciso può essere un'ottima via per smettere di pensare e riuscire finalmente a fermarsi sul serio.

Perché è così importante fermarsi sul serio?

È in questo modo che possiamo riuscire a staccarci dalla vita che viviamo ed essere in grado di fare chiarezza.

Nel momento in cui comprenderete quanto importante sia prendere consapevolezza del vostro tempo (e della vostra quotidianità) riuscirete anche a capovolgere la visione per cui fermarsi sarebbe una perdita di tempo.

Fermarsi diventerà un'azione necessaria per fare

pace con quel tempo che non era mai abbastanza e riuscire a dialogare con lui come buoni amici.

Ma questo probabilmente non è ancora il momento di fantasticare su come sarà quando padroneggerete il vostro tempo al meglio, è il momento della consapevolezza e allora resta una sola cosa da dire: all'inizio, sarà molto difficile, sarà dura riuscire a riprogrammare come la vostra mente abbia percepito, elaborato e lavorato fino a quel momento, ma facendo un passo alla volta, con la giusta dose di pazienza e perseveranza, dandovi il giusto tempo, sarete in grado di migliorare giorno dopo giorno.

La tecnica della ricontestualizzazione

Un valido aiuto per iniziare facendo meno fatica, è quello di usare la tecnica della ricontestualizzazione, ovvero prendere tutto l'insieme delle vostre abitudini e credenze e andarlo a collocare in un contesto del tutto nuovo, per dirlo in parole più semplici: imparare a cambiare il proprio punto di vista rispetto alle proprie esperienze.

Alla base di questa tecnica c'è un esempio famoso

che viene usato spesso e volentieri nell'ambito della crescita personale perché accessibile e comprensibile: perdere, sbagliare, affrontare una situazione negativa non sempre è un male, è sufficiente cambiare il modo di guardare l'episodio e rendersi conto che da quell'esperienza si può imparare qualcosa.

Mettere in atto questo tipo di atteggiamento, possiamo dire, corrisponde ad usare la tecnica della ricontestualizzazione: ovvero cambiare contesto rispetto a ciò che accade, pensarlo in modo diverso da come ci verrebbe di fare.

Prendiamo l'esempio di S. che ha affrontato un importante colloquio per uno stage all'estero insieme ad un'amica, scoprendo poi a differenza sua di non essere stata ammessa. Da questo episodio S. può scegliere come vivere questa situazione in molti modi diversi, ma in questo caso ne prenderemo in considerazione due: uno negativo e uno positivo.

Nel primo caso S. può disperarsi, piangere, arrabbiarsi e continuare ad autocommiserarsi, chiedendosi perché la sua amica sia stata assunta e lei noi; nell'altro caso S. può affrontare questo episodio come momento di crescita, cercare di analizzarlo per capire cosa non abbia funzionato, provare a capire se c'era qualcosa in più che poteva fare, magari confrontarsi con la sua amica per sapere come si è preparata e provare a ripresentare una nuova domanda l'anno successivo per vedere se effettivamente è in grado di farcela o se semplicemente quello stage non fa per lei.

La situazione è la stessa, la conseguenza uguale, ma il modo di percepire e affrontare il momento è completamente diverso, se non addirittura opposto.

Ciò non significa in alcun modo raccontarsi che "va tutto bene" e mascherare le situazioni negative in positive a tutti i costi, questo in realtà sarebbe mentire a sé stessi ed è proprio ciò che si spera accada il meno possibile (per non dire mai e poi mai!). S. ha tutti i diritti di essere triste ed amareggiata per non avere passato il colloquio, ma può scegliere in quale contesto collocare ciò che è successo, se metterlo in una visione di autocommiserazione o se inserirlo in un'ottica di impegno e resilienza.

Anche la tecnica della ricontestualizzazione non è così scontata come può sembrare. Come in tutte le cose c'è chi è più predisposto a rimodellare il proprio pensiero e chi magari fa un po' più fatica; ma per fortuna anche qui, è tutta una questione di allenamento.

Effettivamente per riuscire ad avvicinarsi all'utilizzo di questa tecnica, un esercizio propedeutico che si può iniziare a praticare è quello della gratitudine; sempre in un'ottica di massima libertà: scegliete voi il momento della giornata, gli strumenti da usare, la lunghezza del tempo da dedicarvi.

Praticare esercizi di gratitudine è un modo alternativo per iniziare a cambiare punto di vista: lo scopo è quello di arrivare a fine giornata avendo con sé qualcosa per cui essere grati.

Che inseriate questo momento la mattina appena svegli mentre fate colazione, che ci pensiate nella pausa pranzo al lavoro, che lo scriviate nel vostro diario la sera, o che vi ricaviate qualche minuto durante la meditazione, poco importa, ciò che conta è la costanza: cercate di praticare la gratitudine giorno dopo giorno e se doveste saltarne uno, cercate di ritagliarvi qualche minuto per passare nuovamente in rassegna quel giorno e trovare qualcosa per cui essere grati e per cui ringraziare.

Il mio consiglio per questo esercizio (e per molti altri, come vedrete) è di tenerne traccia scrivendo per cosa si è grati (che sia con carta e penna o che sia su un dispositivo digitale non fa differenza), ciò rafforzerà la vostra costanza e vi spronerà ad andare avanti a farlo. Praticare la gratitudine è un ottimo modo per avvicinarsi alla tecnica della ricontestualizzazione in maniera alternativa perché permette di abituarsi gradualmente a pensare alle vostre giornate in modo diverso, ad analizzarle focalizzandovi su un qualcosa di positivo.

Questo è un ottimo esercizio propedeutico per abituarsi a modificare il proprio modo di pensare, per iniziare a cambiare punto di vista ed affrontare la propria quotidianità cercando sempre di coglierne qualcosa di positivo.

Analisi a 360°

Quindi, è sempre possibile trovare qualcosa di positivo? Probabilmente la risposta è sì, ma il punto è che spesso possono volerci anni per rendersene conto e va bene così. L'obiettivo non è quello di ricercare sempre il lato positivo, ma di aumentare il grado di consapevolezza della propria vita in modo da riuscire a gestirla meglio.

Torniamo quindi al punto in cui si parlava di fermarsi.

Fermarsi può servire per tantissimi motivi. Pensate alla vita come un lungo viaggio in auto: fate molte esperienze, incontrate altre persone, imparate tanto, vi divertite ma non potete continuare a guidare ad oltranza. Ogni tanto fermarsi è necessario: per sgranchirsi le gambe, prendere una boccata d'aria, fare rifornimento, osservare il paesaggio, cambiare modo di vedere le cose, all'aria aperta e non da un finestrino.

Fermarsi è d'aiuto se ci si è persi, se ci sono dei problemi, se non si trova più la strada.

Fermarsi è parte integrante del viaggio e quindi della vita.

Per questi motivi, per riuscire a gestire meglio il proprio tempo e la propria quotidianità, sarà necessario trovare un momento in cui fermarsi e prendere in mano la situazione.

Ok e poi, una volta che mi sono fermato, cosa devo fare? Vi starete chiedendo.

Dopo che sarete riusciti a fermarvi, come succede in molte situazioni, sarà necessario analizzare ciò che volete cambiare, in modo obiettivo, chiaro, distaccato e sincero.

In modo obiettivo: sembra brutto da dire, ma prendere questa analisi come se fosse un lavoro, come se steste analizzando un prodotto da presentare ad un cliente, può rivelarsi una scelta vincente in grado di portarvi davvero a svolgere questa parte senza troppi loop mentali, viaggi strani o emozioni scomode.

Cercate di soffermarvi solo su ciò che davvero richiede un momento di approfondimento, cercate di non prestare troppa attenzione a commenti, giudizi, critiche o giustificazioni.

Prendere questa analisi come se fosse un lavoro retribuito dovrebbe proprio permettervi di concentrarvi nel modo più neutro e obiettivo possibile, come se la vedeste da fuori, come se non foste coinvolti in prima persona.

In modo chiaro: qualcuno potrebbe interpretarlo come una ripetizione e in effetti un po' lo è, ma la fase di analisi sta alla base di come riuscirete a gestire il vostro tempo al meglio, di come riuscirete ad essere più produttivi, per cui è fondamentale farla nel miglior modo possibile, così da gettare delle fondamenta solide su cui lavorare in futuro. Personalmente ritengo che buttare giù qualche parola, uno schema o una mappa potrebbe essere molto utile per fare chiarezza, specialmente se avete molti impegni, uno stile di vita frenetico, diverse attività da ricordare e sistemare, una famiglia di cui occuparvi e così via.

Però anche in questo caso cercate un metodo che sia vostro (restate sempre aperti ad un'ottica di sperimentazione e tentativi): potrebbe essere filmarvi mentre fate un monologo, o registrare la vostra voce, potrebbe essere fare uno schema disegnato, utilizzare diversi colori per diversi ambiti, caricare una tabella su un foglio Excel, insomma le possibilità sono davvero tantissime, ma potrebbe rivelarsi un grande aiuto avere qualcosa che tenga traccia di questa analisi che state facendo, a maggior ragione se volete fare chiarezza.

In modo distaccato: come si accennava prima, è importante cercare di vedere la vostra vita dall'esterno. Staccarsi da sé stessi per capirsi meglio.

Ciò non significa diventare un robot calcolatore senza emozioni, ma semplicemente riuscire a mantenere il controllo su di esse.

Uscire fuori e guardare la vostra vita dall'esterno, fare finta che sia di qualcun altro magari, potrebbe essere la chiave per notare molti aspetti che vi sono sempre sfuggiti, abitudini a cui non avete mai dato peso, trovare strategie vincenti o comprendere aspetti dannosi. L'obiettivo è riuscire ad avere un quadro completo della vostra quotidianità a 360°, inserendo anche imprevisti o aspetti che magari escono dalle vostre routine ogni tanto, distaccarsi completamente non è mai davvero possibile, ma ci si può provare, osservando che effetto ha su questa analisi generale della vostra vita.

In modo sincero: questo probabilmente è il punto più difficile da affrontare e mettere in atto ed è anche il motivo per cui tutti i punti precedenti sono fondamentali.

Partiamo dal presupposto che le bugie che ci raccontiamo spesso e volentieri sono fisiologiche, ce le hanno insegnate fin da bambini e per questo motivo (più spesso di quanto ci piaccia ammettere) facciamo molta fatica ad essere sinceri con noi stessi: ci inventiamo scuse, giustificazioni, stratagemmi per legittimare ciò che ci fa comodo.

Purtroppo, questo aspetto non è per niente produttivo e anzi rischia di diventare un freno che vi impedisce di vivere la vostra vita sfruttandone tutto il suo potenziale.

Durante questa analisi, dirsi subito la verità potrebbe non essere così diretto, ma già solo ascoltarsi e ragionare su ciò che abbiamo pensato per capire se quella è davvero la verità o meno (ed eventualmente correggersi) può essere considerato un gran passo.

Anche in questo caso, avere una traccia, può rivelarsi un valido aiuto per smascherarvi: riguardare un video, riascoltarsi, vedere la parola scritta, ci fa rendere conto di cosa abbiamo effettivamente fatto; una volta scritta o registrata, una cosa che sia vera o falsa è lì e finalmente la possiamo esaminare senza raccontarci bugie!

Questione di responsabilità

In questo senso in effetti, la parte sulla consapevolezza è un vero e proprio patto che facciamo con noi stessi:

"Voglio finalmente prendere in mano la mia vita senza ma e senza se, senza fronzoli, abbellimenti o scuse, solo per quello che è davvero, per comprendere in quali punti andare a lavorare, per capire cosa va bene e cosa si può migliorare."

Nessuno vi chiede di farlo, nessuno vi obbliga, potete tranquillamente continuare a vivere come avete sempre fatto e non ci sarà nulla di male.

Ma se avete deciso di prendere in mano la situazione, se avete capito che il tempo che avete a disposizione rappresenta una tra le più importanti risorse in vostro possesso, allora prendetevi le vostre responsabilità.

In che senso? Siate corretti con voi stessi e fate il meglio che potete: ciò non significa che non ci saranno momenti no, che non dovrete mai essere stanchi, che non sono ammessi errori, vuol dire semplicemente comprendere che questo è un percorso che avete intrapreso per voi.

Potreste aiutarvi stipulando un vero e proprio contratto con voi stessi: già solo redigendolo, inizierete a prendere consapevolezza di ciò che state facendo e a capire che siete voi e solo voi i responsabili della vostra vita, delle vostre azioni, dei vostri atteggiamenti e quindi anche dei vostri successi o fallimenti.

Il contesto fa la differenza

A proposito di responsabilità, c'è un aspetto cruciale da prendere in considerazione all'inizio di questo percorso: il contesto. Se è vero che è necessario prendersi la responsabilità di come va la propria vita e darsi da fare se si vuole cambiare, è anche vero che ci sono tantissime fonti esterne, rispetto le quali non abbiamo nessun controllo e tantomeno responsabilità.

È quindi fondamentale iniziare chiedendosi: "Perché

lo faccio?" In questo momento non è necessario avere tutti gli obiettivi sul tavolo e definirli in maniera minuziosa, quanto riuscire a dare una risposta soddisfacente.

La maggior parte delle volte, la risposta è correlata al benessere: "Voglio migliorare la gestione del mio tempo, per stare meglio, per vivere bene!"

Ecco quindi che ci si ricollega al discorso della responsabilità e dell'ambiente.

La maggior parte delle volte non abbiamo controllo sull'esterno, ma vivere in un contesto sfavorevole, sicuramente non aiuterà a migliorare la vostra gestione del tempo.

Se avete la casa sommersa da oggetti alla rinfusa e fate un lavoro per cui vi servono frequentemente degli strumenti che però non trovate mai, è inutile cercare di migliorare la vostra gestione del tempo, sarebbe più opportuno prima di iniziare, dare una sistemata alla casa in modo da trovare tutto ciò di cui avete bisogno con facilità.

Allo stesso modo se siete andati a convivere da poco e vi rendete conto che tale relazione non vi permette di svolgere la maggior parte delle azioni quotidiane che facevate, prima di pensare a come migliorare la vostra gestione del tempo, sarebbe meglio confrontarsi con l'altra persona e fargli capire i vostri problemi rispetto ai suoi comportamenti.

Perché questi esempi?

Per farvi comprendere come l'ambiente esterno (spazi, persone, situazioni) influisca in modo importante sulla vita di tutti i giorni e prima di iniziare il vostro percorso personale, è opportuno chiarire se ci sono ostacoli che arrivano dall'esterno.

Come già accennato sopra, non sempre si ha il pieno controllo su tali fattori, spesso cambiarli risulta difficile se non impossibile, ma l'importante in questo caso non è tanto l'azione che viene svolta su quell'ostacolo, quanto la presa di consapevolezza che esiste.

Una volta raggiunta questa particolare consapevolezza, nel caso non sia possibile agire per superare, aggirare o modificare tale ostacolo, ci si può aiutare proprio con la tecnica della ricontestualizzazione.

Ad ogni modo, visto che l'obiettivo principale è il benessere, comprendere se l'ambiente circostante e le persone con cui ci si relaziona favoriscano questo benessere è comunque una parte importante dell'analisi a cui prestare attenzione e a cui dedicare un po' di tempo, almeno all'inizio.

La tecnica delle 7 R

Dopo aver preso in considerazione tutti gli aspetti del proprio quotidiano, è giunto finalmente il momento di iniziare qualche esercizio pratico per cominciare a gestire meglio il proprio tempo, per vedere se effettivamente è ciò che si vuole, per comprenderne meglio anche meccanismi e strutture.

La tecnica delle 7 R include delle azioni da mettere in atto come attività propedeutica ad un vero e proprio esercizio di gestione del tempo: vediamo nel dettaglio di cosa si tratta.

1)   Ripensare: un aspetto di cui un po' si è già parlato attraverso la tecnica della ricontestualizzazione. L'idea è quella di avere un pensiero mobile, modellabile, di non intestardirsi sulle cose ma di riuscire a trovare un altro modo di vedere le situazioni.

Si tratta di alimentare la capacità di pensare in modo diverso, di concedersi di cambiare idea, di riuscire ad aprirsi a nuove soluzioni.

2)   Rivalutare: anche di questo qualche accenno è

già stato fatto in precedenza. La rivalutazione è quella capacità di tornare indietro sulle proprie valutazioni appunto, cercando di guardarle in maniera più obiettiva e distaccata.

3) Riorganizzare: ovvero prendere in mano il proprio modo di organizzazione e dargli una scossa. Capire cosa funziona e cosa no, cercare di snellirlo, di renderlo più efficiente e produttivo, sperimentare nuovi strumenti, nuove tecniche, nuovi approcci per vedere quale sia il più adatto nel momento che state vivendo.

4) Ristrutturare: proprio come una casa o un mobile che con il tempo ha raggiunto uno stato di usura, con l'avanzare del vostro percorso sarà importante restare aperti e mantenere un atteggiamento volto al cambiamento. Il metodo che avete usato fino a quel momento potrebbe non essere più funzionale e pertanto dovrà essere ristrutturato, non necessariamente sostituito ma semplicemente adattato al qui e ora.

5) Reingegnerizzare: sempre sulla stessa onda della ristrutturazione, con questo termine si intende più il fatto di mantenere un atteggiamento di scoperta e sperimentazione continua.

Un lasciarsi sempre la possibilità di provare nuove

tecniche, strumenti e strategie per raggiungere una gestione del tempo sempre più efficiente.

6) Reinventare: o meglio, giocare d'anticipo. Avendo capito come funziona il gioco, avendo imparato ad includere la consapevolezza e l'autoanalisi all'interno della propria strategia, è il caso di giocare d'anticipo e capire quali sono gli aspetti del proprio metodo da tenere e quali da lasciare, partendo dall'interrogativo: "Come mi vedo in futuro?

È questa la strada che voglio percorrere?" e rispondendo a queste domande, reinventare per l'appunto, la metodologia che state usando.

7) Ritrovare: in particolare il focus! C'è tempo per parlare di focus e attenzione, che sono due argomenti di cui verrà approfondita la conoscenza nei prossimi capitoli, ma già averne un assaggio non è male.

D'altra parte risulta difficile parlare di time management senza prendere in considerazione questi due aspetti. In particolare si va a ricollegare al patto di responsabilità di cui si parlava in precedenza: ritrovare il focus vuol dire concentrare tutte le proprie energie ed attenzioni su ciò che davvero è importante nella propria vita, senza lasciarsi distrarre e prendendosi per l'appunto, la responsabilità di dare una svolta (positiva) alla propria quotidianità!

Come sarà possibile notare durante tutto questo percorso, non c'è una via unica o delle regole fisse da seguire, ognuno trova il proprio cammino a suo modo e ci possono essere dei metodi o delle tecniche che vanno bene per alcuni, ma non per altri.

Niente paura! L'importante è provare, darsi la possibilità di sperimentare e vedere cosa funziona per sé.

La tecnica delle 7 R può essere un buon modo per iniziare, ma sicuramente non è l'unica, per cui prendetela in considerazione ma senza troppe aspettative, ansie o preoccupazioni, semplicemente iniziate a sperimentare.

La tecnica delle 4 D

A questo proposito, vediamo subito un'altra tecnica che potrebbe aiutarvi nell'approccio alla gestione del tempo: la tecnica delle 4 D dell'efficacia.

1)   Desiderio: capire cosa si vuole è il primo passo verso il cambio del proprio stile di vita. Il desiderio permette di mettere in gioco la volontà, di mantenere alta la motivazione e percepire una spinta

costante che vi aiuterà a continuare il vostro percorso. Non a caso si dice "Ricordati perché hai cominciato" quando si vuole spronare qualcuno a non mollare: bisogna enfatizzare la motivazione, gli obiettivi che ci si è posti per concretizzare i propri desideri.

2)   Decisionalità: ovvero la forza di volontà che spinge a prendere una decisione piuttosto che un'altra. Ciò che permette effettivamente di raggiungere il risultato, ciò che fa in modo di mantenere la costanza, che plasma il cammino di ognuno.

3)   Determinazione: che può sembrare simile alla precedente ma nasconde in sé una leggera differenza. Mentre la volontà sprona ad andare avanti e a proseguire, la determinazione permette di mantenere quella strada senza cedere alle tentazioni esterne, senza cadere nelle distrazioni a cui si viene sottoposti durante il percorso di cambiamento.

4)   Disciplina: ovvero quella coscienza che guida lungo il nuovo percorso, che infonde forza e coraggio per abbandonare vecchie abitudini nocive. Fortunatamente, come in altri casi già citati, anche la disciplina fa parte di quelle caratteristiche che si possono apprendere, che possono essere allenate e

su cui si possono avere notevoli miglioramenti.

Tutte insieme queste pratiche, che danno il via, sviluppano e sostengono un nuovo percorso, si influenzano tra loro e tenendole sempre a mente, cercando di utilizzarle nel vostro quotidiano, possono rivelarsi delle ottime alleate in tutte le nuove sfide che vorrete iniziare, quindi sì, anche per quel che riguarda il time management.

La cosa interessante è che per fortuna, una volta apprese e interiorizzate, non si dimenticano più e si è portati a metterle in pratica sempre, qualsiasi occasione vi si presenti davanti.

GLI OBIETTIVI

Chi ben comincia...

Come avete osservato con la tecnica delle 4 D dell'efficienza, la prima cosa da avere ben chiara è il desiderio che vi muove: in parole povere porsi degli obiettivi.

Dopo esservi fermati e aver analizzato nel miglior modo possibile la vostra quotidianità, esservi chiariti le idee rispetto al vostro stile di vita e avere ben presente il quadro generale della situazione, non è ancora il momento di iniziare con la pratica, ma serve ancora un piccolo sforzo di concentrazione per essere sicuri di avere tutte, ma proprio tutte, le idee chiare.

Non avrebbe nessun senso iniziare a imparare qualsiasi cosa (a maggior ragione se si tratta di imparare a gestire meglio il vostro tempo) senza sapere perché lo si fa, quanto si vuole impiegare per imparare, in che modo lo si vuole fare e che strumenti si hanno a disposizione. Nel momento in cui si va a stilare la lista dei propri obiettivi, questi punti vengono tutti affrontati e ciò vi permette di fare ulteriore chiarezza nel presente, sull'immediato da farsi e per il futuro. Giunti a questo punto avrete trovato quale sia il metodo che preferite usare per tenere traccia dei vostri progetti, delle idee o dei progressi, quindi prendete un foglio bianco e buttate giù quali sono i vostri obiettivi. Perché voglio gestire meglio il mio tempo? Ha senso cercare un miglioramento o pretendo troppo in questo momento della mia vita? Che strumenti o mezzi possono essermi d'aiuto in questo percorso? Quanto tempo mi do per sperimentare questo metodo? Quanto tempo per quest'altro Questi potrebbero essere degli esempi di domande in grado di farvi comprendere meglio i vostri obiettivi, ma potrebbero essercene anche molte altre più personali o più specifiche che potrebbero venirvi in mente: l'idea è quella che il percorso che state facendo è solo vostro e siete voi a doverlo costruire su misura.

Fate le divisioni!

Quando si parla di obiettivi, una cosa da tenere sempre in mente, specialmente se volete gestire al meglio il vostro tempo, è quella di fare le divisioni.

Saper dividere i propri obiettivi (ma anche le cose da fare) in macro, medie, mini parti, è una qualità superlativa per tenere alta la motivazione, rafforzare l'autostima e favorire la costanza.

Individuare i propri obiettivi, comprendere quali siano gli strumenti necessari, le azioni da attuare e i tempi coinvolti, può aiutarvi a raggiungere qualsiasi meta vi siate posti: riuscire a suddividere i propri obiettivi vuol dire anche comprendere quali sono tutte quelle operazioni da portare a termine per poterli raggiungere e successivamente assegnare un tempo entro cui svolgerle e individuare cosa avete bisogno per farlo.

Prendiamo in considerazione l'esempio più famoso del mondo: tornare in forma. Proviamo a suddividere questo obiettivo: potrebbe inizialmente trattarsi di due macro aree, quella dedicata all'alimentazione e quella dedicata all'attività fisica. Proviamo a dividerle ancora: per quel che riguarda l'alimentazione, ci si potrebbe proporre vari piccoli step da mantenere nel tempo come ad esempio iniziare eliminando alcuni vizi che ci si concede (dessert a fine pasto o bibite dolci), per poi aggiungere delle abitudini salutari nel piano alimentare (fare sempre lo spuntino con della frutta), fino ad arrivare a provare una ricetta nuova e sana ogni giorno. Per quel che riguarda l'attività fisica potrebbe essere quello di iniziare ad andare a camminare una volta a settimana per il primo mese, poi due volte il secondo mese e così via fino ad inserire una passeggiata quasi ogni giorno della settimana. Come vedete l'importante è che gli obiettivi non vengano inseriti tutti insieme, che vi permettano di lavorare a step in modo da procedere gradualmente e non tutto d'un colpo. Così avendo da portare a termine un solo obiettivo alla volta potrete concentrarvi su quello, saprete di aver fatto il vostro dovere e riuscirete a portarlo a termine sempre di più, mantenendo la costanza che vi siete proposti e continuando a nutrire la vostra motivazione.

A tal proposito come già sottolineato più volte, tenere traccia anche dei vostri obiettivi, vi darà modo di visualizzarli di più, di vedere davvero di averli raggiunti, di rendervi conto dei progressi fatti.

TEMPO DI ESERCIZIO: in queste parti troverete delle sezioni pratiche su cui esercitarvi proprio per imparare a gestire meglio il vostro tempo.

Munitevi di qualsiasi dispositivo vogliate e iniziate a tracciare quali sono i vostri obiettivi in questo percorso. L'obiettivo generale che tutti seguirete sarà quello di saper gestire il proprio tempo in modo efficiente.

Ora provate a dividere questo obiettivo generale in

macro obiettivi: un'idea potrebbe essere quella di dividere i diversi momenti della giornata (mattina, pomeriggio, sera) e continuare sulla stessa strada dividendo ulteriormente in quali azioni inserire e quindi portare a termine nelle diverse fasce orarie più specifiche (il mattino appena svegli, subito dopo i pasti, prima di andare a dormire) per poi arrivare a scandire le varie giornate in diversi orari (le 09:00, le 16:00, le 21:00).

Ovviamente decidete voi su quali obiettivi focalizzarvi, quali sono i momenti da dividere e quali invece lasciare momentaneamente sospesi per poi tornarci più avanti.

Have Fun: l'importanza del divertimento

Quando vi dedicate alla stesura dei vostri obiettivi, o anche quando li prendete in considerazione, quando iniziate ad organizzare la giornata e vedete quali sono gli obiettivi da completare per quel giorno, c'è qualcosa che in assoluto non potete dimenticare: il divertimento.Mirare anche a ciò che può darci piacere e soddisfazione immediata può essere molto gratificante. Per cui cercare di intervallare obiettivi considerati pesanti o noiosi ad attività interessanti e piacevoli potrebbe risultare la chiave vincente per smettere di procrastinare e prendere in mano la situazione, per darsi un ritmo e raggiungere finalmente tutti i traguardi che non siete mai riusciti a superare.

Il focus e altre leggende

Finora gli obiettivi sono stati descritti per quello che sono in maniera generale e valida per qualsiasi percorso si intraprenda, ma cos'è che li collega al time management? Ebbene il filo che unisce tempo e gli obiettivi è tutto quello che riguarda la sfera dell'attenzione.In questo insieme di concetti infatti troviamo tutto quello che riguarda trazione, attrazione e distrazione. L'attrazione è ciò verso cui si è spinti, quel qualcosa che si vuole raggiungere, come ad esempio il fatto di portare a termine i propri obiettivi. Mentre la trazione è in tutto e per tutto, la spinta che conduce verso di essi e quindi verso una vita appagante e soddisfacente. Al suo estremo opposto infatti, troviamo la distrazione che è invece tutto ciò che allontana dal perseguimento dei propri propositi e non permette di portare a termine i propri obiettivi, lasciando alla fine un senso di sconforto, inadeguatezza, vergogna e autocommiserazione.

Cos'hanno in comune trazione e gestione del tempo? Entrambi tendono a proporre uno stile di vita volto alla serenità, all'equilibrio e alla soddisfazione: vi ricordate che all'inizio si descriveva il time management non solo come un miglioramento della propria organizzazione, ma come un vero e proprio cambio di vita?

Arrivare al punto di riuscire a concentrarsi su più trazioni possibili, fermando le distrazioni che arrivano da tutte le parti proprio come Neo in Matrix fa con i proiettili, vuol dire essere finalmente riusciti a gestirsi meglio, aver cambiato stile di vita ed essersi diretti verso un compiacimento personale duraturo. Così come esistono numerosi e diversi tipi di distrazioni di ogni genere (tecnologiche, ambientali, sociali, interiori...), ugualmente esistono altrettanti metodi per controllarli, quindi niente paura!

L'uomo è per natura portato a pensare che il maggior numero di distrazioni provenga dall'esterno, dalle persone con cui si relaziona, dall'ambiente in cui vive, dalle situazioni che gli si presentano e in parte è vero.

Anche in questo caso però, è necessario un esame di coscienza personale perché una gran parte delle distrazioni provengono dalla propria interiorità: pensieri, idee, progetti e preoccupazioni sono solo alcuni esempi di come riempiamo costantemente la nostra mente di distrazioni che non ci permettono di vivere il qui ed ora in modo efficiente al 100%.

È per questo che l'attenzione è un punto cruciale nella gestione del tempo: saperla mantenere sia dentro che fuori, è uno degli aspetti che vi permetterà di rendere le giornate più produttive.

Ma torniamo ai nostri obiettivi: come far sì di mantenere il più possibile l'attenzione in modo da non farsi distrarre, non perdere tempo in attività inutili e riuscire a portare a termine ciò che ci si è prefissati?

Con un ingrediente speciale naturalmente: il focus.

Il punto focale è un po' come il basilico sul sugo, il pepe sulla carbonara, la mozzarella sulla pizza: non è necessario per ottenere un piatto nutriente, non tutti ne sentirebbero la mancanza se non dovesse essere aggiunto, ma quando c'è il sapore è del tutto diverso. Allo stesso modo, il focus non è per forza necessario per portare a termine degli obiettivi, ma quando c'è fa davvero la differenza.

È quell'ingrediente che racchiude in sé volontà,

tenacia e costanza e che vi permetterà di restare concentrati sul da farsi.

Trovare il focus in ogni attività che viene messa in atto rappresenta davvero quel tocco in più alla lista dei vostri obiettivi: dopo averli suddivisi in mini categorie e aver compreso quanto tempo dedicare a ciascuno, aver chiaro anche su cosa focalizzarvi per mantenere attiva la vostra attenzione, si rivelerà davvero la chiave del successo.

È anche per questo che dividiamo gli obiettivi in parti sempre più piccole: in questo modo il focus sarà molto specifico e facile da visualizzare, il tempo di realizzazione del compito sempre più breve, in modo da raggiungere prima il completamento di ciò che ci si è prefissati e avere quindi più gratificazioni una dietro l'altra, durante tutto l'arco della giornata.

Il metodo del punto focale

In tutto ciò ci viene in aiuto il metodo del punto focale, il quale permette proprio di chiarire il più possibile ciascun aspetto preso in considerazione (ad esempio l'obiettivo che vi sta di fronte) e di delineare ogni azione e comportamento da mettere in atto per ottenere ciò a cui si sta puntando.

1) Valori: con questo primo passo si intende tutto ciò che vi permetterà di essere coerenti con voi stessi, che è anche il motivo per cui di solito è bene iniziare con una presa di consapevolezza e un'analisi approfondita di sé. Avere presente quali siano i propri valori, aiuta a mantenersi costanti su un certo livello d'azione, si impara a conoscersi meglio e ad avere quindi un'ulteriore spinta interna a procedere sulla propria strada. Farsi un'idea chiara di quali sono le cose in cui si crede e che priorità viene data a ciascuna di esse, permette già di iniziare a fare ordine dentro di sé per affrontare eventuali ostacoli o problemi in modo preparato. Trovare il valore che si attribuisce a ciascun obiettivo che ci si è prefissati, vi permetterà di mantenere il punto focale su di esso fino al suo completamento. Quindi è bene chiedersi: "Quali sono i valori più importanti per me nella mia vita?".

2) Visione: che non vuol dire fantasticare sul futuro continuamente e non fare niente, anzi, è l'esatto contrario! Avere una visione chiara di dove si vuole arrivare è probabilmente l'unico modo per arrivarci davvero. Come quando si è in montagna, inizia una salita pesante e voi pensate che siete già stanchi e non ce la fate più ad andare avanti: immaginare come

sarà bello il panorama una volta raggiunta la vetta potrebbe essere ciò di cui avete bisogno. Raggiunta la vetta e goduta la vista, quell'obiettivo sarà raggiunto e quindi sarà anche arrivato il momento di passare alla prossima "montagna".

In questo caso l'importante è proprio il focus che non deve essere posto solo sulla visione, perché rischierebbe di diventare una fantasia e basta, quanto più sulla strada da percorrere tra il "qui ed ora" e il "ciò che voglio raggiungere" in modo da iniziare subito a mettere un passo avanti all'altro. In questo caso ci si può domandare: "Se avessi raggiunto l'equilibrio e la mia vita fosse esattamente come la desidero, come sarebbe?" mantenendo una visione realistica e i piedi per terra quindi, l'idea sarebbe quella di provare a concretizzare quel tipo di vita.

3)   Obiettivi: ecco qui rivelato in tutto il suo splendore il legame tra focus e obiettivi, che pur essendo due ingredienti del time management, alla fine diventano un'unica portata. Gli obiettivi serviranno per concretizzare la propria visione, ma come già accennato, dovranno essere: chiari (niente fronzoli o giri mentali strani), specifici (dividendoli in parti sempre più piccole, saranno sempre più

specifici), credibili (è meglio sollevare 2 kg piuttosto che 20 kg all'inizio, giusto?) e realizzabili (pensare di insegnare il giapponese nelle scuole se non si sa nulla di giapponese, vorrebbe semplicemente prendersi in giro).

Il punto focale in questo caso potrebbe trovarsi nel tenere traccia dei propri obiettivi e progressi, proprio perché potrebbe permettervi di mantenervi costanti. Iniziate chiedendovi: "Quali sono gli obiettivi che devo portare a termine per raggiungere la mia visione?".

4)   Conoscenze e abilità: anche questo rientra nella fascia degli obiettivi di cui parlavamo a inizio capitolo. Conoscenza e abilità altro non sono che i mezzi e gli strumenti di cui avrete bisogno per attuare e completare i vostri obiettivi: se la mia visione comprende insegnare giapponese nelle scuole, dovrò attrezzarmi per impararlo in prima persona.

Domandatevi: "Cosa mi serve per mettere in atto gli obiettivi e realizzare ciò che voglio?".

5)   Abitudini: è innegabile che quando si parla di vita quotidiana, come nel caso della gestione del tempo, ci si affacci prima o poi anche alle abitudini e in effetti, sarà dedicato loro un intero capitolo in questo libro. Per adesso comunque è sufficiente farsi

un'idea generale: le abitudini sono quel peso che fa sbilanciare l'ago della bilancia verso una vita più o meno appagante. L'idea è molto semplice: buone e sane abitudini favoriscono una vita equilibrata e soddisfacente, le altre tendono ad opporsi al raggiungimento di tale benessere.

Per cui uno dei vostri punti focali dovrebbe essere quello di sviluppare e mantenere le vostre sane abitudini che siano pratiche (azioni e comportamenti) o mentali (pensieri e idee) e che chiaramente saranno diverse di caso in caso. La fortuna in questo senso è che anche le abitudini possono essere apprese e allenate giorno dopo giorno. Qui la domanda da porsi potrebbe essere: "Quali sono quelle abitudini che se sviluppate, potrebbero aiutarmi a raggiungere meglio e con più facilità i miei obiettivi?".

6)   Attività quotidiane: entriamo adesso sempre più nel dettaglio e nella parte più concreta di questo mondo prendendo in considerazione quelle attività che svolte giorno dopo giorno, potrebbero permettere il completamento degli obiettivi e la realizzazione della propria visione. Se si vuole partecipare ad una maratona, sarà bene stendere un piano che permetta di andare a correre un po' ogni

giorno. Chiedetevi: "Cosa posso fare durante la giornata per portare a termine gli obiettivi e realizzare la mia visione?".

7)   Azioni: come dice la parola stessa, abbiamo raggiunto finalmente il cuore dell'azione. Senza più tanti giri di parole: "Quali sono i gesti e le azioni che devo fare oggi per portare a termine gli obiettivi della giornata?" e non dimenticate di tenerne traccia, in modo da monitorare ogni singolo progresso.

Come avrete notato, anche questo metodo, presenta un modello a matrioska per cui partendo da un'analisi molto ampia e generale quale quella dei valori personali, punto dopo punto, arriva nello specifico a considerare le azioni dirette da mettere in pratica. In questo modo infatti, proprio come per la divisione degli obiettivi, ciò vi permetterà di mantenervi costantemente motivati e di conseguenza attivi.

Tempo di esercizio: sempre tenendo a portata di mano dei dispositivi per tracciare ciò che state facendo, provate a sperimentare il metodo del punto focale fino al punto 6 e poi iniziate a intersecarlo con i vari obiettivi che avete diviso in precedenza. All'inizio potrebbe risultare un po' macchinoso, ma vedrete che sarà un valoroso aiutante nella gestione della vostra quotidianità.

La tecnica del grande SLAM

Un ulteriore approfondimento che vi aiuterà nell'applicazione del metodo del punto focale è la tecnica del grande SLAM: semplificare, fare leva, accelerare, moltiplicare.

Semplificare: quando si parla di gestione del tempo, tutta la parte di analisi e riflessione iniziale serve proprio a snellire il lavoro da fare. Tenere solo ciò che davvero è necessario al raggiungimento degli obiettivi, scartare tutto quello che è in più, per poi dividere ciò che resta in compiti minori e lavorare più velocemente, senza intoppi o pesi inutili.

Leva: dopo aver snellito la mole di cose da fare, è necessario iniziare a fare leva ogni giorno, su ciò che si può apprendere dagli altri come conoscenze, energia, idee, contatti, successi, fallimenti. Relazionarsi, confrontarsi e lasciarsi ispirare da chi vi circonda sarà un'altra fonte di energia per stimolare la vostra motivazione.

Accelerare: o per meglio dire "stare al passo coi tempi" i quali, come è già stato detto all'inizio, vanno ad una velocità sempre maggiore. Per cui anche voi dovrete cercare di trovare modi sempre nuovi per fare le cose in meno tempo possibile ed è per questo che la sperimentazione di diverse tecniche è fondamentale per trovare il time management più adatto a sé stessi.

Moltiplicare: ovvero circondarsi di persone, attività, ambienti che vadano a stimolare la propria produttività e vadano a favorire una vostra gestione del tempo più efficiente, portandovi a moltiplicare quell'insieme di attività e idee che vi permettono di avere un time management di successo.

Mettere insieme questi due metodi vi permetterà di avere un approccio a tutto tondo della vostra vita: il metodo del punto focale infatti, si concentra sull'interiorità, su di voi, su ciò che siete, provate, pensate e vivete; mentre la tecnica del grande SLAM mette in connessione voi, con ciò che vi circonda, con i luoghi in cui operate e gli stimoli esterni che potrebbero aiutarvi. In questo modo il vostro stile di vita dovrebbe subire una vera e propria evoluzione e dovreste riuscire ad aumentare la vostra produttività giorno dopo giorno.

LO STRESS

La relazione tra sfide e risultati

La riduzione dello stress rappresenta uno degli obiettivi principali / fondamentali di una corretta ed efficiente gestione del tempo. La frenesia del ventunesimo secolo, la cultura dell'apparenza, i ritmi serrati e l'avvento della tecnologia a sfavore della natura, creano un mix perfetto per una società perennemente e profondamente stressata. È importante imparare a gestire il proprio tempo per affrontare nel migliore dei modi queste problematiche, ma attenzione: scelte sbagliate possono anche scatenare un effetto contrario, rendendovi vittime di uno stress aggiuntivo.

Naturalmente c'è chi è più predisposto ad un approccio ansiogeno, chi regge meno le pressioni e chi magari è arrivato ad un punto limite, ma una cosa fondamentale da prendere in considerazione quando si vuole dare una svolta importante alla propria vita, è proprio quella di non farsi prendere da ansie, preoccupazioni o paure inutili. Agitarsi peggiora (quasi) sempre le cose e non vi porterà sicuramente a nessun risultato tra quelli che vi siete prefissati.

Quando iniziate a sperimentare i diversi metodi per gestire meglio la vostra quotidianità, è doveroso darsi del tempo per ascoltarsi e capire cosa funziona e cosa no. Per quello viene consigliata un'ampia e significativa riflessione iniziale, per quello ci si deve porre bene degli obiettivi fin dal principio e mettere dei paletti per quel che riguarda i tempi di realizzazione. Questo vi permetterà di mantenere una sorta di tranquillità: sapete che state testando un nuovo modo di vivere, sapete quanto durerà perché avete stabilito a priori una scadenza e sapete anche che il tempo che vi siete dati per testare quel metodo sarà sufficiente per capire se funziona o meno.

In pratica non lascerete nessuno spazio allo stress. Effettivamente, iniziare uno stile di vita nuovo, potrebbe rivelarsi altamente stressante, ma in questo modo, riuscirete comunque a mantenere il controllo della situazione e non servirà farsi prendere dal panico se qualcosa non andrà proprio nel verso giusto.

Il trucco è riuscire a trovare il giusto equilibrio tra le sfide che vi siete posti e i risultati che volete raggiungere. Comprendere quale immenso regalo fate a voi stessi nel momento in cui vi concedete del tempo per sperimentare, è probabilmente la chiave per dare un taglio alla procrastinazione (e all'ansia che ne consegue) e per migliorare notevolmente i propri metodi organizzativi.

L'importante è restare consapevoli, concentrati e realistici: si può portare a termine in un mese un progetto per il quale di solito è richiesto almeno il doppio del tempo? Probabilmente sì, specialmente utilizzando un time management differente, ma bisogna essere consapevoli che sarà un'esperienza stressante anche solo per il semplice fatto che non si è abituati a farlo. Per questo è consigliabile iniziare fermandosi, analizzando la propria routine, rendendosi più consapevoli e sinceri con sé stessi.

Questo non vuol dire che eliminerete per sempre lo stress dalla vostra vita, anzi con molta probabilità ci saranno ancora molti momenti faticosi, ma la svolta sta nel modo in cui li affronterete, non saranno le vostre emozioni a prendere il sopravvento e in ogni caso, prendendo il tempo che vi serve per elaborare la situazione, prima o poi sarete in grado di fronteggiare e superare anche le situazioni più stressanti grazie alla tecnica della ricontestualizzazione.

Il ruolo dell'errore

È importante tuttavia fermarsi ulteriormente a riflettere un momento: è vero che la tecnica della ricontestualizzazione potrebbe dare sul serio la svolta decisiva alla vostra vita, ma è davvero necessaria? Magari all'inizio si, è anche vero però che c'è un'altra strada che si può tenere in considerazione.

A questo punto torniamo a parlare della nostra società, di come il secolo della tecnologia, del touch screen e della realtà virtuale non lasci più grande spazio all'errore. Con lo sviluppo sempre maggiore delle nuove tecnologie informatiche e dei social network, sembra che la società del XXI secolo tra le altre cose, non ammetta più errori, che sbagliare non sia socialmente accettato, che sia sempre necessario puntare a mostrare la migliore parte di sé, quella vincente e che il fallimento sia ampiamente condannato dalla massa. Sarebbe assurdo voler cambiare queste credenze, ribellarsi o struggersi ancora di più per non riuscire a mantenere quegli standard. La verità è che errare humanum est e che la vulnerabilità è proprio ciò che ci permette di crescere. È normale voler puntare sempre alla perfezione, ma imparare ad accettare l'errore può essere un ulteriore aiuto nel vostro time management come prevenzione allo stress.

La maggior parte delle volte, le fonti stressogene provengono da emozioni e pensieri che si sviluppano all'interno della propria mente: accettare l'errore con maggiore serenità e indulgenza rappresenta già un'azione che vi permetterà in partenza di ridurre la nascita di tali ansie e di conseguenza, di affrontare in modo più rilassato il da farsi. Accettare l'errore diminuirà una gran parte delle fonti del vostro stress, vi permetterà di essere più attivi e produttivi e vi farà anche risparmiare un sacco di tempo! Anche in questo caso prendetevi quanto necessario per comprendere come affrontate i vostri errori, cercate di capire se questi meccanismi siano o meno fonte di stress e tenete sempre a mente che cambiare delle credenze che vi sono sempre state insegnate, che la società condivide e che ormai hanno messo radici nella vostra mente non sarà facile.

Se proprio siete dei perfezionisti e non riuscite a perdonarvi sufficientemente, la soluzione è sempre la stessa: tenete traccia dei vostri errori e riesaminateli a mente lucida dopo qualche giorno. Alcuni potrebbero rivelarsi gravi, altri potrebbero essere stati evitati, ma altri ancora magari li avrete solo ingigantiti: riconsiderarli a mente a lucida, vi farà rendere conto di ciò e vi permetterà di stressarvi di meno. Inoltre abituarsi a questa pratica, vi porterà ad avere uno sguardo più obiettivo rispetto i vostri errori e a capire quando sia il caso di darsi da fare per rimediare e quando invece sia sufficiente lasciar correre. Inoltre anche in questo caso la tecnica della ricontestualizzazione può venirvi in aiuto: vedere l'errore non più come un fallimento ma come una possibilità vi aprirà strade nuove da percorrere. Quando si commette un errore, si allenano le proprie capacità di problem solving, la resilienza, l'abilità a chiedere scusa: è a tutti gli effetti la situazione perfetta per mettersi in gioco e vedere come si affrontano delle situazioni spiacevoli. Inoltre ogni volta che si incappa in un errore, si ha la possibilità di crescere, di vedere dove si ha sbagliato e di conoscere nuove cose. In fondo non si dice che "sbagliando s'impara"?

Il perfezionismo è un nemico

A questo proposito è giunto il momento di presentarvi un nemico della produttività: il perfezionismo. Se avete scelto di imparare a gestire il vostro tempo per essere più produttivi, non sarà sufficiente imparare ad accettare l'errore, ma dovrete anche essere in grado di sbarazzarvi del perfezionismo.

Poco sopra è stato detto che è giusto puntare alla perfezione e in effetti non c'è niente di male, ma dipende come lo si fa! Dare il massimo, impegnarsi sempre e fare del proprio meglio è sempre una scelta vincente ma ossessionarsi affinché le cose siano perfette è decisamente una grandissima perdita di tempo ed è esattamente ciò che non volete.

Proprio come succede con l'errore, anche quando si parla di perfezione la società non aiuta: i social network, i media, le riviste mostrano una realtà contraffatta creata su misura con effetti speciali e immagini ritoccate, ma la mente umana è portata a credere che tutto ciò sia reale.

La perfezione non esiste! O meglio, la perfezione è come la bellezza, soggettiva per definizione, per cui perché incaponirsi e soffermarsi su qualcosa solo perché risulti perfetto agli occhi del prossimo che troverà fisiologicamente qualcosa da criticare? Vi ricordate quando si parlava degli ambienti e di come fosse inutile migliorare il proprio time management se alla base ciò che serviva era semplicemente riordinare la propria stanza? Allo stesso modo sarà inutile cercare un modo per essere più produttivi, se ogni secondo ci si sofferma sui dettagli nella vana ricerca di una perfezione illusoria.

Tuttavia la perfezione non è sempre un male: se l'architetto non fosse attento al millimetro le case crollerebbero, allo stesso modo un ingegnere con i ponti o un chimico in laboratorio. Ci sono situazioni in cui non si può rinunciare alla perfezione ma è necessario comprendere quali sono e circoscrivere il perfezionismo a quei soli momenti, in modo da lasciare spazio per tutto il resto di quello che è la vostra quotidianità.

La vita non è perfetta e la sua bellezza sta proprio in questo: prima riuscirete ad accettarlo e prima riuscirete a godervela.

Multitasking: no grazie

Un altro nemico di uno stile di vita produttivo ed efficiente è il multitasking. Sempre per quanto riguarda l'inganno dei media per cui il risultato finale che viene mostrato è frutto del lavoro di diversi professionisti ma sembra fatto da una sola persona, il cervello umano è portato a credere di dover sapere fare tutto. In realtà quella del multitasking è un'idea del tutto improduttiva: voler fare tante cose, tutte insieme, vi farà semplicemente arrivare ad un punto di disagio e frustrazione tale che perderete la voglia di fare qualsiasi cosa.

Come è stato descritto nel capitolo sugli obiettivi, per mantenere il più possibile attenzione e concentrazione, è fondamentale focalizzarsi su un'unica cosa per volta, addirittura spezzettare gli obiettivi in parti sempre più piccole in modo da riuscire a portarle a termine in meno tempo e favorire una motivazione costante e continua.

Il multitasking è probabilmente tutto l'opposto di questo ragionamento: si è portati a voler tenere sotto controllo diverse situazioni contemporaneamente, ma è stato ampiamente dimostrato che questo metodo non funziona.

Ciò non significa che non potete concentrarvi su diversi progetti contemporaneamente, anzi con una buona gestione del tempo, sarete in grado di farlo sempre di più e sempre meglio. È necessario però comprendere come la divisione del lavoro sia fondamentale: suddividere il tempo che avete a disposizione per dedicarlo ad attività separate è necessario per poterle portare a termine.

Prendiamo in considerazione ad esempio, che io voglia dedicare il mio tempo libero: alla coltivazione del mio orto, allo sviluppo di una nuova competenza utile nella mia professione, a portare avanti almeno una lettura al mese e a tenere pulita la casella di posta.

Tutto ciò non è impossibile, ma bisogna capire come riuscire a gestire il tempo in modo efficace per essere in grado di terminare tutte queste attività nel poco tempo in cui non si dorme, non si mangia e non si lavora.

Provare a zappare mentre si legge un libro o a guardare dei video di aggiornamento sul cellulare mentre si puliscono in velocità le mail dal pc se anche dovesse portare a dei risultati, sicuramente non vi porterà ad una sana soddisfazione personale.

Riuscire invece a dividere il tempo libero e dedicare: mezz'ora alla riproduzione del video di aggiornamento, un'ora e mezza alla cura dell'orto, prefissarsi di leggere almeno cinque pagine del libro e di sistemare almeno dieci email per volta, farà in modo che gli obiettivi che vi siete posti vengano raggiunti. Come noterete non è necessario dividere le attività per forza in fasce orarie, ma è necessario dividere e non voler fare tutto contemporaneamente, ne va della qualità delle vostre azioni!

TEMPO DI ESERCIZIO: Pensate al vostro tempo libero e a come lo impiegate. Analizzate cosa fate e come lo fate. Ora trovate un'attività che vorreste praticare ma a cui non avete mai tempo da dedicare.

Cercate di capire quanto tempo sia necessario dedicare a questo progetto, se sia un'attività di routine da fare un po' tutti i giorni (andare a correre, fare un corso, dedicarsi al giardinaggio, leggere un libro) o se sia qualcosa di strutturato che abbia un inizio, un processo e una conclusione (cucinare nuove ricette, sistemare alcuni oggetti, riordinare una stanza, costruire qualcosa).

Dopo aver compreso ciò basandovi sull'analisi del vostro tempo libero e sull'analisi di ciò che volete fare, cercate di inserire UNA (e una sola) attività all'interno di quel tempo.

Potete dedicarci poco tempo all'inizio e poi aumentare col passare dei giorni, ma cercate di essere costanti e di concludere sempre l'attività per cui non avevate mai tempo. In questo modo, non solo inizierete a gestire il vostro tempo libero in modo produttivo, ma comincerete anche a familiarizzare con la divisione di tempo e con gli obiettivi, a inserire nella vostra giornata qualcosa per voi che vi dia piacere e vi faccia divertire e a sostenere la motivazione necessaria a portare avanti questo nuovo stile di vita.

Pre e Pro-crastinazione

Dopo aver conosciuto i nemici della gestione del tempo, è giunto il momento di andare a trovare due vecchie amiche che in realtà la maggior parte di voi conoscerà bene e da tempi immemori: la pre-crastinazione e la procrastinazione.

Della pre-crastinazione può sembrare di aver già letto qualcosa ma non va confusa con le azioni multitasking: quest'ultimo è illudersi di poter fare bene più cose contemporaneamente (leggo e rispondo alle mail, mentre guardo un video di formazione) mentre pre-crastinare vuol dire tenersi occupati con attività inutili per non affrontare l'inizio di qualcosa che sappiamo dover essere fatto (vi è mai capitato di dover finire un lavoro importante e sentire il bisogno impellente di pulire e riordinare minuziosamente ogni angolo della scrivania?). La procrastinazione invece sembra essere più conosciuta: è semplicemente il dolce rimandare qualcosa che si sa di dover fare, ma per il quale si trovano delle scuse ed è la causa per cui ci si trova sempre all'ultimo momento a dover affrontare ogni cosa.

Giunti a questo punto però, queste due sorellastre cattive non dovrebbero più essere un problema. Se avrete fatto i compiti a casa infatti, non ci sarà spazio per loro e riuscirete a mantenere il focus su ciò che vi siete proposti di fare. Se doveste ancora rimandare alcune attività, riducendovi all'ultimo per le consegne o facendo tutto ciò che non era in programma la soluzione è sempre la stessa: fermarsi.

Fermatevi e ripartite da capo. In questo senso fermatevi a riflettere e cercate di capire quali siano realmente le vostre priorità: state davvero facendo ciò che volete? C'è almeno una cosa nella vostra lista, che vi piace fare? Avete inserito dei momenti di svago?

Le risposte le sapete solo voi, potrebbero anche essere tutte negative e potreste addirittura avere dei motivi validi perché lo siano, ma allora il punto è un altro: come scritto all'inizio la questione non è semplicemente imparare a gestire il tempo, ma cambiare proprio forma mentis, rivalutare la vostra quotidianità per poter raggiungere il tipo di vita che desiderate. Il percorso sicuramente non sarà facile, ma chi vive la vita che vuole non ha bisogno di scuse, di pre o procrastinazione, né tantomeno di giustificazioni: in fondo per ciò che si vuole fare davvero, si trova sempre tempo.

Saper fluire: flessibilità e resilienza

Se finora sono stati presentati i nemici del time management è ora di lasciare spazio a due preziosi alleati non solo per quel che riguarda organizzazione e gestione del tempo ma della vita in generale.

Abbiamo già descritto l'importanza di non soffermarsi troppo sulle cose (obiettivi, riflessioni, errori, commenti, giudizi...) ma lasciare fluire non è così semplice come sembra.

C'è una bella differenza tra non soffermarsi e lasciare fluire: è tutta questione di ritmo e come vedremo il ritmo che scegliete di dare alla vostra vita potrebbe davvero fare la differenza. Immaginatelo come se foste su una strada e steste camminando, in fondo se pensate a questo come un percorso la similitudine è abbastanza   vicina.

Se pensate al vostro cammino e immaginate di non fermarvi ad ogni distrazione, vi vedrete procedere col vostro passo, ma se vi chiedessi di immaginarvi fluire, il passo sarebbe lo stesso? Avrebbe lo stesso ritmo? Fluire sottende un'intrinseca scioltezza, uno scivolare come se foste dei pattinatori su ghiaccio, con grazia ed eleganza, o come delle ballerine di nuoto sincronizzato che si muovono sì, ma in maniera del tutto diversa da qualcuno che cammina e basta.

Come si arriva alla fluidità quindi? Come al solito, con tanta fatica, consapevolezza e allenamento.

La flessibilità è uno strumento che può aiutare e avvicinare al livello della fluidità: essere flessibili non significa giustificarsi di continuo e lasciar correre sempre, vuole dire essere in grado di valutare in maniera appropriata ogni situazione e riuscire ad adattare tutte le circostanze e i bisogni con maestria, cercando di arrecare a sé e agli altri il minor disagio possibile.

Il primo passo è puntare a praticare comportamenti flessibili (dovevate fare una cosa, capita un imprevisto, cercate di rispondere con prontezza riorganizzandovi al meglio), per poi passare ad avere un flessibilità di pensiero (un vostro collega ha un pensiero diverso dal vostro e propone una tecnica mai fatta, invece di arrabbiarvi potete provare a fare un tentativo e vedere se la sua tecnica funziona davvero) per raggiungere un flessibilità emotiva (siete in coda in auto, mentre tornate a casa da una giornata pesante di lavoro e l'automobilista dietro di voi inizia a suonare il clacson all'impazzata, invece di reagire, fate un bel respiro e vi concentrate su ciò che vi attende a casa). Passo dopo passo, praticare la flessibilità nella vostra vita attraverso azioni, pensieri ed emozioni vi permetterà di raggiungere uno stato di fluidità che di conseguenza vi permetterà di concentrarvi solo su ciò che è davvero importante, di stressarvi di meno e di aumentare così la vostra produttività.

A braccetto con la flessibilità va quasi sempre la resilienza, di lei abbiamo già accennato qualcosa perché in un certo senso è imparentata con il metodo della ricontestualizzazione. Una persona resiliente infatti è in grado di accettare le situazioni spiacevoli e di trasformarle in opportunità di crescita: vi ricorda qualcosa?

Per cui se avrete imparato ad utilizzare tale metodo, probabilmente, avrete già iniziato a sviluppare questa dote che vi aiuterà in quei momenti no che a volte la vita ci presenta.

Sviluppare flessibilità, resilienza e fluidità è un ottimo vantaggio per chi vuole cambiare vita, non tanto perché favoriscono effettivamente il cambiamento della vita in sé, quanto perché vi permettono di stravolgere il modo in cui agite, sentite e pensate e solo partendo da tale rivoluzione sarete in grado di dare una svolta e imparerete a gestire al meglio non solo la quotidianità ma anche le relazioni, le difficoltà, gli avvenimenti.

TEMPO DI ESERCIZIO: Fermatevi un momento ed immaginate: siete lungo questa strada e procedete a vostro passo, all'improvviso spunta un ostacolo che non vi aspettavate, come vi comportereste? Quali azioni mettereste in atto? Quali pensieri sarebbero di aiuto e quali vi metterebbero in difficoltà? Che emozioni provereste, come stavate prima che apparisse l'ostacolo e cosa state sentendo adesso? Congratulazioni, siete sulla buona strada per sviluppare flessibilità e resilienza e per raggiungere uno stato di fluidità.

Questo esercizio di visualizzazione può essere uno spunto per chi di solito si agita, vuole tenere tutto sotto controllo, si sente stressato e frustrato dai cambiamenti improvvisi. Vi aiuta ad essere preparati qualora vi succeda davvero, vi permette di controllare l'unica cosa che effettivamente potete tenere sotto controllo: voi stessi.

LA PAUSA

Prendersi cura di sé

Questo libro esordisce dicendo di fermarsi, quindi a questo punto vi sarete ormai abituati a prendervi il tempo necessario. Tuttavia in questo capitolo entreremo un po' più nel cuore dell'azione e analizzeremo la pausa nella sua essenza meno astratta e più pratica.

Ma prima di imparare come prendersi una pausa è necessario capire effettivamente cos'è!

È già stato sottolineato abbastanza quanto la società e i tempi correnti non siano favorevoli alle pause e come l'essere umano non sia stato educato al diritto di fermarsi: ci si ferma solo in certi momenti precisi come i pasti (ma mangiare non vuol dire fermarsi), per riposare (ma dormire non vuol dire fermarsi), durante le festività e le ferie (in cui di solito si fa proprio il contrario di fermarsi), nell'intervallo o durante le pause aziendali (ma anche in questo caso, si fa sempre qualche altra azione). Insomma l'uomo è abituato a non fermarsi mai.

In realtà, prendersi una vera pausa è un regalo che facciamo a noi stessi, serve a preservare la propria salute, fisica e mentale, a prendersi cura di sé.

La pausa è una cosa incredibilmente soggettiva in realtà, non c'entra con lo stare fermi e non fare nulla, è molto di più, allora perché la colleghiamo al fermarsi?

Semplicemente perché non si è stati educati a farlo, perché non viene automatico, ma una volta imparato (anche prima, a seconda di quello che ci si sente) come per tutto il resto, sarete voi a scegliere cosa significa prendersi una pausa. Per questo si inizia fermandosi, perché così si arriva a questo punto in cui si è già in grado di assaporare il gusto di non fare nulla, in cui ci si è già abituati a non pensare, a vivere e basta.

Quindi si può anche iniziare a cercare quale sia la pausa più congeniale per sé.

Pensate ad un momento in cui siete stati molto indaffarati, pensate ad un momento in cui avreste voluto fare una pausa. In quel momento probabilmente l'unico pensiero era smettere di fare ciò che stavate facendo, ma non avete pensato effettivamente a cosa avreste fatto subito dopo aver smesso l'attività per cui vi volevate fermare.

Allora adesso provate a pensare cosa avreste voluto

fare davvero. Potrebbe essere un circuito faticoso in palestra, l'ultima mezz'ora in ufficio, i cinque minuti prima di portare i bambini a scuola. L'idea è cercare non tanto il perché avreste voluto una pausa ma che tipo di pausa desideravate.

Questo perché la maggior parte delle volte, oggigiorno, quando le persone hanno la possibilità di fare davvero la pausa che tanto attendono sempre, si fiondano sui social, sul cellulare, si mettono al pc o accendono la tv. Pensare a che tipo di pausa avreste voluto davvero, potrebbe tornarvi utile in questi momenti.

La pausa è un momento in cui riposarsi, in cui rigenerarsi per riuscire a produrre di più subito dopo, per cui è necessario comprendere cosa siano quelle attività, quei rituali che vi aiutano davvero a ritrovare l'energia. Potrebbe essere fare una passeggiata, guardare una serie tv, riordinare la casa. Non è necessario che siano azioni convenzionalmente accettate e collegate al significato di pausa che la società si aspetta: capire che significato ha la pausa per voi è un altro modo per avvicinarvi ad uno stile di vita più soddisfacente e di conseguenza più produttivo.

Capire il potenziale che questo elemento potrebbe

avere nel vostro percorso se usato correttamente, è lo step che vi farà passare al livello successivo nel percorso di time management che avete intrapreso.

Fino ad ora infatti si è parlato di esercizi mentali, di concetti, di credenze. Avete letto quali siano gli aspetti da prendere in considerazione prima di iniziare a rivoluzionare la vostra gestione del tempo: la consapevolezza, chiarirsi gli obiettivi, comprendere e rivalutare lo stress. Ma adesso, dopo avere finalmente analizzato a pieno anche il significato della pausa, cosa sia, che valore e che forma abbia per voi, è tempo di applicare tutto ciò che avete imparato.

È giunto il momento di trovare il tempo per una pausa. Decidete voi dove collocarla, decidete voi quanto durerà, decidete voi la forma che assumerà, ma è necessario collocarla all'interno del vostro quotidiano. Nella maggior parte di casi i consigli che vengono dati sono quelli di bere dell'acqua, di respirare, di camminare, insomma di rilassarsi. Ma non è detto che voi vi rilassiate con queste tecniche, è per questo che prima si dà una forma alla pausa e poi la si colloca all'interno del vissuto, la si trasforma a seconda del contesto, del tempo a disposizione, del momento che si sta vivendo. Non c'è un format fisso, ciò che è importante capire, è che siete voi a condurre la vostra vita, gli altri non possono dirvi come farlo.

TEMPO DI ESERCIZIO: La maggior parte di voi, sicuramente avrà familiarità con liste, agende, organizzazione, ma non è detto, quindi partiamo dalla base.
Come è stato detto finora, procuratevi un dispositivo su cui tenere traccia della vostra giornata: consideriamo ad esempio che abbiate scelto un foglio e una penna.
Ora scrivete tutto quello che dovete fare domani, non ha importanza in che ordine basta che non tralasciate nulla, inserite anche i pasti ed eventuali spostamenti. Quindi dividete la giornata in orari e collocate all'interno ogni singola mansione. Potrebbe succedere che vi resti molto tempo a disposizione, o che non riusciate a collocare tutto, non importa: tutto quello che non siete riusciti a inserire o non è così urgente, o riuscirete a collocarlo.

Adesso inserite almeno una pausa durante la giornata che non sia appena svegli o subito prima di coricarvi, non perché in questi momenti non siano ammesse pause ma perché vi state esercitando ad inserirle all'interno dei compiti e quindi è ancora presto per considerare i vertici della giornata. Datevi del tempo per imparare: provate ad aggiungerle, a cambiare ciò che fate nel mentre, a prolungarle o ridurle ma abituatevi ad avere sempre almeno un momento di pausa che sia davvero la vostra pausa.

Soprattutto allenatevi a godervela: cercate di entrare nella pausa come se fosse una stanza e di lasciare tutto il resto fuori finché non finisce. Riuscire a vivere a pieno quel momento, vi permetterà di rigenerarvi sul serio: la maggior parte delle azioni che vengono compiute sono fatte in automatico senza rendersi conto che le si sta facendo, riuscire a viverle davvero, a percepirle, e ciò dà automaticamente un valore diverso a quei momenti. Vivere al massimo le pause, rinvigorirà il vostro spirito e sarete in grado di dare il 100% di voi nel compito immediatamente successivo.

Come è stato detto all'inizio si inizia a rivoluzionare la propria vita fermandosi, allo stesso modo iniziate a gestire il vostro tempo in modo più efficiente proprio imparando ad inserire le pause all'interno delle vostre giornate.

Tecnologia: amica o nemica?

Più volte fino a qui, la tecnologia è stata nominata in diversi termini lungo tutte le pagine di questo manuale, che idea vi siete fatti di lei? È dalla vostra parte o vi ostacola?

Come succede sempre, non c'è una risposta giusta o sbagliata, la tecnologia semplicemente esiste e come ogni cosa ha una potenzialità positiva e una negativa: il punto quindi non è tanto cosa sia la tecnologia per l'uomo, ma che utilizzo ne faccia ognuno di noi.

La domanda da porsi quindi è: come utilizzo la tecnologia?

In molti casi, la tecnologia ci fa perdere tempo, è una potente fonte di distrazione e ostacola il cammino verso un miglior time management. In realtà in questo caso, è bene tornare a parlare di responsabilità: non è la tecnologia che ci distrae e quindi ci fa perdere tempo, ma piuttosto siamo noi che utilizzando la tecnologia nel modo e nei momenti sbagliati, ci lasciamo distrarre e perdiamo tempo. Già solo prendersi la propria responsabilità in merito, potrebbe rivelarsi un grande passo avanti a favore della vostra produttività.

Per cui vediamo di sfatare il mito secondo il quale è

la tecnologia la più grande causa della vostra perdita di tempo. Primo su tutti Internet: una rete in cui trovare qualsiasi cosa si cerchi, vi ricordate com'era fare le ricerche sulle enciclopedie o andare a noleggiare un film? Eravate più veloci?

Subito dopo ci sono le e-mail: anche se sono ormai sottovalutate dalla maggior parte delle persone, in realtà hanno rappresentato (e rappresentano ancora) uno straordinario strumento di comunicazione. Ripensate al servizio clienti che c'era prima dell'avvento della posta elettronica: ore e ore al telefono ad ascoltare le Quattro Stagioni di Vivaldi perché qualcuno vi aveva messo in attesa. L'unico accorgimento da prendere in considerazione in questo caso è quello di riuscire a dedicare un tempo ben preciso alla pulizia della casella postale in modo da non dover continuare a controllare le mail ogni momento.

Infine ultimo ma in pole position sul banco degli imputati: smartphone, che viene visto come il numero uno dell'anti produttività, perché? Il telefono prima, il cellulare poi, lo smartphone adesso, sono state delle vere e proprie rivoluzioni nella vita di tutti i giorni infatti se non sapete dove andare, non consultate una cartina ma guardate su Maps, se organizzate una festa, non spedite inviti ma create un gruppo su WhatsApp, se dovete avvisare che farete tardi non entrate in un bar per chiedere di telefonare, chiamate dal vostro smartphone e basta.

Si può decidere di incolpare l'avvento della tecnologia, ma è sufficiente pensare a com'era prima, per cambiare subito idea. Si risparmiava davvero più tempo senza Internet, email o cellulari? Può essere, ma se adesso vi sembra di passare tutto il tempo a rispondere alle mail o attaccati ai social, di chi è la responsabilità?

La verità è che la tecnologia ha velocizzato lo stile di vita di tutti: ci permette di fare acquisti senza uscire di casa, di vedere persone lontane senza viaggiare, di trovare le risposte che cerchiamo con un solo clic. È giusto avere delle perplessità per quel che riguarda tecnologia e tempo, perché a tutti gli effetti probabilmente l'uomo si deve ancora abituare (o forse non si abituerà mai) ad una tale velocità, ma sicuramente non è corretto attribuire a lei i propri errori. La tecnologia permette di velocizzare moltissime azioni nella vita di ciascuno, il focus sta nel capire chi conduce il gioco.

Siete voi che dovete essere in grado di percepire fino a che punto la tecnologia trova spazio e tempo nella vostra vita, siete voi che scegliete come impiegare il vostro tempo, anche quando si tratta di dispositivi tecnologici.

Inoltre ci sono moltissime applicazioni che possono aiutarvi nell'organizzazione e nel time management, magari affiancando strumenti analogici che non possono sempre essere a disposizione (appuntarsi qualcosa mentre siete in piedi, su un autobus affollato, potrebbe essere difficile usando agenda e matita, ma potrebbe risultare molto più semplice scrivendo una nota sul cellulare). Senza contare che la sveglia nel telefono fa da orologio, sveglia, timer, cronometro: tutti strumenti che possono aiutarvi a scandire meglio impegni, orari, scadenze. La tecnica del pomodoro, ad esempio, si basa proprio sull'utilizzo di una sveglia per scandire tempi di lavoro e pause in modo da favorire una maggiore attenzione, concentrazione e produttività.

Quindi, nulla è giusto o sbagliato in relazione alla tecnologia, sono le nostre scelte e i nostri comportamenti a determinarne effetti positivi o negativi. Un suo un utilizzo corretto non può che rivelarsi un nostro valido alleato nei confronti di una valida ed efficiente gestione del tempo.

LE ABITUDINI

Zona di comfort addio

La prima cosa da fare se si vuole cambiare, se si vuole prendere in mano la propria vita, cambiando e iniziando qualcosa di nuovo è lasciarsi il passato alle spalle, ovvero sbarazzarsi delle cattive abitudini.

Giunti fin qui, nel vostro cammino, avrete potuto sperimentare in prima persona come la riflessione sia un elemento costante e ripetitivo del percorso: ancora una volta è necessario fermarsi e riflettere.

n realtà in questo caso la riflessione sarà abbastanza breve, ma semplicemente perché chi ha deciso di cambiare sa esattamente quali sono le cose da tenere e di quali sbarazzarsi, quindi la difficoltà non sarà tanto nel pensare e trovare quali siano le vostre abitudini controproducenti, quanto riuscire ad ammetterlo a voi stessi.

Dentro di voi sapete già cosa volete cambiare, ne siete già consapevoli ma non riuscite a fare quel passo per mettere in atto il cambiamento. Torniamo allora al metodo delle divisioni che è stato applicato con gli obiettivi.

Vi ricordate per quale motivo è necessario spezzare i

macro obiettivi in parti sempre più piccole? Perché in questo modo sarà più semplice portarli a termine con facilità e andare in tal modo a nutrire la propria motivazione. Un processo simile va fatto con le cattive abitudini.

Innanzitutto la caratteristica delle abitudini che state portando avanti anche se sfavorevoli, è che vi danno piaceri e soddisfazioni, altrimenti ve ne sareste già sbarazzati. La zona di comfort è un luogo bellissimo, in cui di solito si fanno riposare tutti i problemi, le stanchezze e le difficoltà, un luogo di relax che ci permette finalmente di fare la pausa che tanto abbiamo desiderato ma che non riusciamo mai a prenderci.

Avere imparato come gestire le vostre pause infatti, dovrebbe già essere un buon passo per iniziare a svuotare la zona di comfort e cercare di riordinarla. In effetti tale zona serve proprio come palliativo verso difficoltà maggiori: il cibo anche se si cerca di dimagrire, la sigaretta anche se si hanno problemi respiratori, lo shopping anche se si è in rosso sul conto.

La zona di comfort non è un aspetto negativo della vita, anzi, ci dona un rifugio nei momenti più difficili, l'importante è non trascorrervi troppo tempo.

Proprio come il paese dei balocchi per Pinocchio, lasciarla non sarà semplice come strappare un cerotto, servirà costanza, forza di volontà e allenamento.

In effetti, cercare di uscirne tutto d'un colpo è un azzardo insensato e potrebbe solo costarvi più tempo di quanto poi ne recuperereste una volta lasciata: serve un piano ben preciso, una mappa di orientamento e un buon equipaggiamento per uscire una volta per tutte da quel labirinto di cattive abitudini.

Il piano ben preciso è molto semplice ed è per l'appunto dividere.

Non affrontate tutte le cattive abitudini in un colpo solo: cercate di stanarle e capire se riuscite a spezzarle in parti più piccole. Mettiamo, per esempio, che vogliate iniziare a fare più movimento, sfruttando sempre meno il vostro tempo libero stando stesi sul vostro divano a guardare la tv, o con lo smartphone tra le vostre mani.

Provate a procedere gradualmente: i primi giorni, se ne avete la possibilità fate una passeggiata tranquilla, anche da soli. Il fatto che i vostri amici o le persone con cui avete una relazione non siano disponibili non deve più rappresentare una scusa.

Con il tempo inizierete ad apprezzare sempre di più questa sana abitudine sotto ogni punto di vista, non solo nei confronti del vostro corpo, ma anche della vostra mente. Successivamente potrete decidere di pianificare una corsa al tramonto su un lungo mare, o su una strada più isolata, fino anche a decidere di praticare un nuovo sport. Anche nel caso delle cattive abitudini e della comfort zone si tratta sempre di sostenere la motivazione: con gli obiettivi si tratta di mantenersi motivati ad agire, in questo caso invece, si tratta di continuare a non fare qualcosa.

La mappa di orientamento sta proprio nelle diverse tappe: una volta che avrete dato inizio ad uno stile di vita più movimentato, potrete concentrarvi anche su altre cattive abitudini, orientandovi verso un'alimentazione più corretta, mangiando più lentamente, smettendo di lamentarvi per ogni cosa o ponendo fine a un uso eccessivo del vostro smartphone. Segnarsi un percorso preciso da fare all'interno della propria zona di comfort per eliminare una volta per tutte le proprie cattive abitudini è un passo importante lungo il percorso di una gestione del tempo più produttiva: oltre a favorire uno stile di vita migliore, vi allenerà a praticare il metodo della divisione e vi preparerà ad affrontare i vostri obiettivi in maniera propositiva, senza contare poi quanto tempo risparmierete non facendo più tutte quelle attività improduttive e malsane.

Non c'è un vero e proprio equipaggiamento specifico per uscire dalla propria zona di comfort, come con gli obiettivi, sarete voi a scegliere gli strumenti con cui vi trovate a vostro agio e che più si addicono alla situazione: potreste scrivere un diario con i vostri progressi, condividere il vostro percorso online o mettere via del denaro in un barattolo per ogni cattiva abitudine eliminata, non importa cosa scegliate, l'importante è iniziare ad agire per poter finalmente dire addio alla zona di comfort che vi tiene intrappolati in una vita non reale.

La costanza è già un risultato

Questo metodo è perfetto non solo per eliminare le cattive abitudini ma anche per inserirne di nuove, migliori, più salutari. Se notate, anche per quel che riguarda la gestione del tempo, stiamo procedendo attraverso questo libro a step, passo dopo passo, in modo da capire un po' alla volta quali siano le cose da prendere in considerazione e quali azioni possono aiutare in questo percorso.

La cosa che hanno in comune tutti i diversi aspetti presi in considerazione finora, è la costanza! Per fare pratica con la tecnica della ricontestualizzazione serve costanza, così come con la pratica della gratitudine o nel portare avanti i propri obiettivi. Anche quando si parlava di inserire un po' alla volta la pausa all'interno delle vostre giornate, è stato sottolineato di prestare attenzione all'essere costanti.

Questo perché la costanza è già un risultato e va trattato come tale. La costanza fa sviluppare al proprio interno una sorta di continuità, di coerenza che ci dà fiducia nelle nostre azioni e nel nostro modo di pensare.

Inoltre scandisce un ritmo ben preciso nella nostra quotidianità, ci permette di vivere a suon di soddisfazioni e di creare un circolo vizioso di buone abitudini, motivazione e propositività.

In effetti essa sostiene la nostra motivazione ad andare avanti sulla giusta strada, è come una medaglia che ci viene consegnata ogni volta che riusciamo a portare a termine l'obiettivo prefissato.

Per cui è giusto prendere atto che riuscire a mantenere una certa costanza è già una vittoria.

In che senso prenderne atto? Nel senso di essere consapevoli dei progressi fatti, segnarli, sottolinearli, condividerli e festeggiare, proprio come se steste preparando una festa per ringraziare qualcuno che vi ha fatto un enorme favore. Chi vi aiuta va celebrato giusto? Quindi perché non festeggiare qualcosa di così importante che vi sprona continuamente a fare sempre meglio?

Perché la costanza è così importante? Perché è grazie a lei che un'azione qualsiasi si trasforma come per magia in un'abitudine, ripetere dei comportamenti positivi giorno dopo giorno, vi farà prendere un ritmo tale che prima o poi vi abituerete a farli, entreranno automaticamente all'interno della vostra quotidianità e miglioreranno quindi la vostra vita.

Il metodo della sostituzione

In realtà, se ci pensate bene, noi tutti abbiamo una serie di rituali e abitudini che essendo tali, mettiamo in pratica senza nemmeno rendercene conto la maggior parte delle volte. Riesaminare quali abitudini facciano parte della propria quotidianità, quali siano salutari e produttive e quali invece siano da eliminare, è un punto da cui partire.

In effetti, se costruire una nuova abitudine può essere molto impegnativo, stancante e faticoso, un metodo interessante per facilitarsi questo compito è quello della sostituzione. Molto semplicemente si vanno a sostituire le abitudini dannose con quelle sane: facile a dirsi, ma non così tanto a farsi.

Vediamo un esempio: torniamo al caso in cui vogliate cambiare la vostra dieta e renderla migliore. Dopo aver esaminato le vostre abitudini alimentari, vi siete resi conto che ne avete alcune buone e altre non così salutari. A questo punto, perché invece di provare ad eliminare le cattive abitudini e inserire quelle sane, che rappresenterebbe il doppio del lavoro, non provate a sostituire quelle nocive con quelle vantaggiose? Perché invece di iniziare ad abituarvi a mangiare più frutta e smettere di bere bibite gassate, non provate il metodo della sostituzione e quindi a mangiare un frutto ogni volta che vi viene voglia di bere una bibita? Non è detto che sia meno faticoso, ma almeno fareste il lavoro una sola volta.

Attenzione però: non sempre questo metodo si può attuare o può facilitarvi i compiti, bisogna sempre fare un'analisi iniziale per valutare se sia il caso di usarlo o meno e se delle cattive abitudini possano essere sostituite con altre più sane. Se ad esempio, il vostro scopo fosse quello di mangiare meno dolci e andare a camminare di più, non è detto che vi troviate sempre nelle circostanze di poter fare la sostituzione: se siete in ufficio durante l'orario di lavoro con un cliente davanti e vi viene voglia di una caramella, non potete prendere e andare a fare una passeggiata.

Per prendere in mano la situazione è sempre necessario esserne prima consapevoli, sinceri, analitici e obiettivi.

Iniziare con il piede giusto

In effetti il modo migliore per prendere in mano la propria vita è quello di iniziare davvero a farlo, un po' alla volta, giorno dopo giorno.

In molti sono convinti che il modo migliore di gestire la propria vita e aumentare la propria produttività sia quello di svegliarsi presto al mattino e di cominciare il nuovo giorno con una morning routine di successo.

Tanti ritengono che l'orario migliore siano le 05:00 del mattino, perché in questo modo si avrebbe tutto il tempo di compiere quelle azioni per cui non si ha mai tempo: fare attività fisica, leggere, meditare, fare una colazione nutriente, una doccia, riordinare la casa e via così. Probabilmente è vero che svegliandosi alle 5, nella giornata di un uomo o una donna nella media, si avrebbe più tempo per tutto questo genere di azioni e di conseguenza ci si sentirebbe più soddisfatti e realizzati, si sarebbe più spronati a fare il resto delle attività che la giornata richiede e si favorirebbe uno stile di vita più sano.

Ma se foste un barman in una discoteca che magari torna a casa dal lavoro alle 5 del mattino? O se foste un operaio che cambia turni di settimana in settimana? O ancora molto più semplicemente se non riusciste a svegliarvi alle 5 del mattino? Ciò significa che non potete avere una vita produttiva e ricca di soddisfazioni? Assolutamente no!

Lungo tutto questo manuale è stato scritto e ripetuto come ognuno debba crearsi il proprio percorsa su misura di ciò che è e del proprio stile di vita anche e soprattutto per quel che riguarda le attività da fare, i compiti da eseguire, gli obiettivi da portare a termine. Quello delle 5 del mattino è uno spunto che magari può essere congeniale ad una buona fetta dalla popolazione ma non tiene in considerazione tantissimi altri fattori che è bene imparare a vedere se si vuole davvero gestire al meglio la propria vita.

Giunti a questo punto dovreste aver capito che non

esiste un format uguale per tutti: ci sono tecniche, metodi, trucchi, ma anche questi vanno adattati non solo su di voi, ma anche sui vari contesti e sulle diverse situazioni. Questo è quello che dovete imparare a fare se volete riuscire a gestire meglio il vostro tempo, se volete una vita più produttiva: vi ricordate la flessibilità?

Quindi non importa a che ora vi alziate, l'importante è cominciare la giornata con il piede giusto!

Ciò significa avere una buona qualità del sonno e svegliarsi riposati: quindi la giornata in realtà, inizia la sera prima quando stare per andare a letto.

Cercate di ricreare una situazione che favorisca il vostro sonno attraverso suoni e luci rilassanti; spegnete i dispositivi tecnologici, il televisore, lo smartphone (anche solo per il fatto di fare una pausa da tutto l'hi-tech che riempie la vostra quotidianità); fate una skincare serale, stretching, meditazione, aggiornate il diario o leggete un libro, cercate di trovare una routine che sia sempre la stessa con cui concludere la vostra giornata, in modo che un po' alla volta la vostra mente possa rilassarsi e prepararsi a dormire bene.

Quelli citati sono solo degli esempi di ciò che si può fare, come sempre siete voi che dovrete sperimentare ciò che più vi si addice.

Riposare bene vi darà modo di svegliarvi per tempo, rinvigoriti e determinati a godervi un nuovo giorno.

Come già accennato, non importa quale sia l'orario che scegliete, ognuno ha uno stile di vita e delle abitudini diverse, ma ciò che importa è svegliarsi per tempo: cercate di puntare la sveglia in modo da avere la possibilità di prepararvi con serenità, senza ansie o preoccupazioni e da riuscire anche ad inserire una o due attività aggiuntive (leggere il giornale, annaffiare le piante, vestire i bambini, portare fuori il cane...), in questo modo avrete quella spinta in più di soddisfazione ad aver concluso anche delle attività extra già di prima mattina.

A questo punto è fondamentale tenere a mente due cose importanti: ogni piccola azione conta e perdonatevi se alcune volte fallite.

Avrete notato come la consapevolezza sia un indizio prezioso nella ricerca di una vita più soddisfacente, questo perché ci permette di vivere davvero: prendere in considerazione, gioire e ringraziare per ogni piccola azione quotidiana, riuscire a vederla ed essere consapevoli che la stiamo attuando nel momento in cui la viviamo è ciò che vi farà raggiungere la piena soddisfazione di voi stessi.

Per cui, soprattutto all'inizio, è importante concentrarsi su ogni singola azione, che sia fare il letto, lavarsi i denti o pettinarsi: non importa quanto abitudinarie, scontate o automatiche siano, se inizierete a prendere in considerazione anche le azioni che finora per voi non valevano nulla, vi renderete conto di quante cose riuscite a portare a termine in una giornata.

Allo stesso modo è importante non pretendere troppo: ci saranno sicuramente delle giornate storte, o mattine in cui sarete stanchi e non avrete voglia di fare nulla. Va bene così, anche questo fa parte della vita ed è giusto accettarlo per poter passare al giorno successivo.

È fondamentale essere in grado di perdonarsi e non concentrarsi troppo su questo tipo di giornate, è l'unico modo per riuscire a fare di meglio il giorno dopo. Il segreto in effetti è accettare il momento e pensare che prima o poi quella giornata giungerà al termine e che il mattino dopo vi sarà concessa la possibilità di fare meglio. In queste situazioni sentitevi un po' Rossella O'Hara e ripetetevi che "Domani è un altro giorno".

Se è vero che l'orario in cui vi svegliate non determinerà per forza la qualità della vostra giornata, è anche vero che trovare delle routine potrebbe essere un buon modo per darsi degli incentivi fin dal primo mattino. In effetti trovare dei rituali, aiuta a scandire meglio il tempo, a preparare il nostro cervello a ciò che succederà dopo, come ad esempio la routine serale che veniva accennata poco sopra.

Allo stesso modo, trovare delle azioni da ripetere appena svegli che siano sempre le stesse, potrebbe rivelarsi un grande aiuto nella fase di consapevolezza (è più facile prendere in considerazione le azioni che fate se sono sempre le stesse), per darvi un ritmo preciso (prima faccio il letto, poi faccio arieggiare la casa, dopodiché mi faccio una doccia) e per sostenere la vostra motivazione (uscire con la consapevolezza di aver portato a termine la vostra morning routine potrebbe essere una svolta positiva e darvi la giusta carica per affrontare il resto della giornata).

Anche per quel che riguarda la morning routine, non c'è un modello prestabilito di azioni da fare, ci sono alcuni trucchi che possono aiutare la produttività (bere un bicchiere d'acqua appena svegli o non guardare il cellulare per i primi 30 minuti) ma non è detto che siano utili a tutti per forza.

La cosa migliore da fare è provare: iniziate a

sperimentare le vostre giornate, a prendere appunti su ciò che fate, su ciò che vorreste fare e provate a metterle in pratica un po' alla volta. Potreste rendervi conto che la morning routine vi dà l'energia che stavate cercando, o potreste capire che per voi funziona meglio una routine pomeridiana, l'importante è provarci e cercare di trovare sempre ciò che è meglio per voi!

TEMPO DI ESERCIZIO: Prendete in rassegna la vostra giornata, cercate di capire se ha già alcune routine al suo interno (andare al lavoro dalle 08:00 alle 12:00 e poi dalle 14:00 alle 18:00 potrebbe esserne una), provate a concentrarvi sulla routine serale inizialmente e trovate quell'azione che vi faccia rilassare e dormire meglio. Poi provate ad organizzare la vostra mattinata svegliandovi per tempo e cercando di inserire due attività extra come indicato nell'esempio fatto prima.

Dopodiché provate ad impostare il tutto come una vera e propria routine, prendendo nota anche delle attività che vi sembrano insignificanti e ricordandovi di dedicare un momento nella giornata per apprezzare il fatto di aver completato la vostra routine.

Creare delle routine potrebbe essere una buona

occasione per inserire delle nuove abitudini o cambiarne alcune che non vi piacciono.

Se riuscirete in ciò avrete già iniziato ad organizzare metà della vostra giornata (la mattina e la sera) e potrete passare a prendere in considerazione anche tutta la parte centrale.

È permesso dire no

Esaminare le proprie giornate e organizzarle come si deve, non dovrebbe essere troppo difficile, a maggior ragione se avrete seguito tutti gli step e sarete andati avanti un po' alla volta. Tuttavia può succedere anche che in realtà voi siate già degli ottimi organizzatori, che riescono a gestire molte attività diverse ma che non riescano mai a trovare il tempo a causa delle richieste esterne.

Cosa s'intende con richieste esterne? Semplicemente tutti quegli imprevisti che arrivano da persone esterne. Qui non si tratta di flessibilità, di gestire situazioni anomale, o di mettere in gioco la propria resilienza, si tratta proprio di tenere sotto controllo le richieste che vengono fatte dagli altri e che non rientrano all'interno del proprio time management e che per questo vanno ad influire sulla sua efficienza.

La vicina di casa che vi chiede di badare al figlio per qualche ora, la suocera che vuole passare a prendere un caffè per la quarta volta nella settimana, il datore di lavoro che vi chiede di fermarvi mezz'ora in più per concludere il lavoro di un collega. Le situazioni possono essere tantissime e varie, il punto è che tutti questi "favori" extra potrebbero danneggiare tutto il duro lavoro che avete fatto finora per essere produttivi, ma una soluzione c'è ed è la più semplice di tutte: imparare a dire "no" quando serve.

Ciò non significa diventare dei robot che pensano solo a portare a termine i propri obiettivi, non vuol dire non essere gentili e nemmeno mancare di rispetto a qualcuno. Significa semplicemente fare quello che avete fatto finora: riflettere e analizzare le situazioni della vostra vita.

Ciò non vuol dire fare solo ciò che fa più comodo a voi stessi, dire sì solo se vi conviene, se la richiesta porta a qualche crescita, beneficio o arricchimento personale; significa piuttosto imparare ad ascoltarsi: chiedersi se soddisfare le richieste che vi vengono fatte rappresenta qualcosa che vi fa stare bene, perché questo è lo scopo ultimo, migliorare la vostra vita.

Continuare a dire sì se ciò che ci viene richiesto vi fa

stare bene in quel momento: se badare al figlio della vicina vi fa divertire allora continuate a darle una mano, se lo fate solo perché così sarà in debito con voi, forse non è una valida motivazione per accettare.

Mantenete il focus su ciò che voi desiderate, sul qui e ora e vedrete che quei "sì" che pronuncerete saranno molto più autentici e daranno una nota di soddisfazione ancora più significativa alle vostre giornate.

Ma se non lo sentite dentro, allora perché accettare? Imparate a dire "no" in modo educato e gentile, usate una comunicazione assertiva e cercate di mostrare più empatia possibile.

Perché non dimenticate mai: l'empatia è la più alta forma di rispetto che si possa mostrare al prossimo, ma può esserci rispetto verso l'altro se non si ha imparato a rispettare sé stessi (e i propri bisogni) prima?

PIANIFICARE

Finalmente siamo arrivati allo snodo pratico del time management: tecniche e metodi che possono essere utili nell'organizzazione dei propri obiettivi, nella pianificazione della propria giornata e quindi anche nella gestione del tempo. Non ci sono metodi migliori di altri, alcuni potrebbero svoltarvi le giornate e altri potrebbero proprio non essere adatti al vostro stile di vita, ma come abbiamo detto finora: sperimentate, solo così potrete sapere cosa vi si addice e cosa no.

Il metodo Bullet Journal

Uno dei metodi più famosi e più utilizzati per la pianificazione personale delle proprie giornate è quello ideato da Ryder Caroll: il Metodo Bullet Journal.Questa tecnica può rivelarsi molto adatta specialmente per chi è alle prime armi con la pianificazione, a chi si trova perso in infiniti impegni, a chi sente di non concludere mai nulla e a chi ha bisogno di rivedere le tipologie di pianificazione che ha sempre utilizzato. Il metodo è semplice, intuitivo e alla portata di tutti, serve solo un dispositivo su cui scrivere, non fa differenza che sia elettronico o vecchio stile come carta e penna. La caratteristica che rende eccezionale questo modo di pianificare è il fatto che ognuno lo possa adattare a sé stesso, alla propria vita, al proprio stile, al tempo che si ha a disposizione. Alla base del Bullet Journal c'è l'idea di sbarazzarsi di tutti quei compiti e obiettivi che in realtà non verranno mai portati a termine, che intasano le agende e lasciano solo un senso di ansia e angoscia costante. In effetti si parte proprio da questo: cercare di esaminare quali siano davvero le cose che si devono e vogliono fare nell'immediato, scartando tutto ciò che non lo è. Anche questo metodo si fonda su analisi e consapevolezza, sull'essere sinceri rispetto alle proprie giornate e alle attività che realmente si riusciranno a portare a termine. Facciamo un esempio: nella mia agenda ho scritto che dovrò occuparmi di 25 differenti attività, cosa assai poco possibile da concretizzare visto che dovrò anche andare al lavoro e quindi già tre quarti della mia giornata sono occupati da igiene personale, pasti, tragitto e lavoro effettivo. Ha senso che in quella giornata restino scritte quelle 25 azioni che non sarò mai in grado di concludere entro il termine della giornata? Non sarebbe meglio ce ne fossero scritte solo 5 che però riuscirei effettivamente a completare? Il metodo Bullet Journal insegna proprio questo: riesaminare i propri impegni e obiettivi, giorno dopo giorno, in modo da compilare la propria agenda realisticamente e abituandosi quindi a terminare tutto ciò che si è pianificato. Il metodo dà molto peso al mindset da mantenere piuttosto che alle tecniche effettive o agli strumenti da usare. Lascia molta libertà di espressione: lo si può usare come diario con pensieri e riflessioni sulla giornata; lo si può decorare con disegni, adesivi o foto; ci si possono inserire dei tracker per introdurre nuove abitudini o lo si può lasciare più basico possibile. L'unica regola da rispettare è quella di tenere una traccia sincera della propria quotidianità contribuendo in questo modo al miglioramento della propria organizzazione e del proprio vissuto in generale.

Il metodo Ivy Lee

Molto simile ma più sbrigativo di quello di Caroll, il metodo Ivy Lee è l'ideale per i procrastinatori, per chi si riduce sempre all'ultimo con le scadenze, per chi si trova sempre sommerso da infinite cose da fare e poi puntualmente non ne conclude neanche una.

Servono semplicemente carta, penna e qualche minuto a fine giornata: in questo momento dedicato esclusivamente alla pratica del metodo, sarà sufficiente concentrarvi al massimo su 6 azioni da portare a termine nella giornata successiva scrivendole in ordine di priorità, dalla più alla meno urgente. In questo modo l'indomani svegliandovi, saprete subito cosa fare e in che ordine, non avrete dubbi, perplessità o indecisioni: inizierete subito la giornata nel modo in cui l'avrete prefissata la sera prima e risparmierete molto tempo. In effetti, come già accennato, è più il tempo che passiamo a pensare e ripensare al da farsi, che non quello impiegato nello svolgimento delle attività in sé: con questo metodo sarete già consapevoli di avere un momento preciso dedicato alla riflessione e all'organizzazione e quindi non sentirete il bisogno durante la giornata di stare a rimuginare sulle cose da fare, agirete e basta.

Il metodo della pianificazione orizzontale

Leggermente più articolato è il metodo della pianificazione orizzontale che come principio ha quello di "liberare la mente". La sovrapposizione di pensieri è una delle maggiori cause di distrazione nella vita, non permette di concentrarsi su ciò che si sta facendo, né tantomeno di agire con prontezza quando si termina un compito e bisogna passare al successivo: riuscire a liberarsi di questi pensieri che sovrastano la propria mente, può essere un modo per aumentare la propria produttività ed efficienza.

In pratica bisogna intercettare tutte quelle cose che richiedono la nostra attenzione, non solo attività o compiti da concludere ma anche idee, pensieri, preoccupazioni, emozioni, tutto ciò che va ad affollare la propria mente.

A questo punto bisogna procurarsi dei contenitori in cui versare l'insieme di tutto ciò che abbiamo in testa, per riuscire effettivamente a fare spazio: come sempre scegliete il supporto che preferite, cartaceo, digitale, contenitori veri e propri, audio, qualsiasi cosa che vi permetta di prendere le informazioni, tirarle fuori dai vostri pensieri e tenerle da qualche parte. Trovato dove sistemare ogni cosa, è importante fare ordine: dividerli a seconda della categoria, dell'importanza, dei contesti, scegliete voi come. La cosa importante è che tutto ciò abbia un senso per voi, che sia pratico, che i vari contenitori siano meno possibili e che vengano svuotati con frequenza. Una volta messo tutto in ordine è giunto il momento di occuparvene e quindi di passare in rassegna e vagliare i vari contenitori: eliminando ciò che non serve più, salvando ciò che potrebbe dover essere ripreso in futuro e archiviando ciò che è concluso ma che potrebbe tornare utile nelle prossime attività. Giunti qui, si passa all'organizzazione, ovvero all'inserimento all'interno delle vostre giornate delle varie cose da portare a termine, per poi concludere con una riflessione su tali compiti, sul loro significato e la loro effettiva utilità.

Rispetto a questo metodo, il consiglio è di prendersi del tempo, almeno una volta a settimana per svuotare i contenitori e riorganizzare il tutto: anche se all'inizio potrebbe risultare faticoso, potrebbe essere la chiave per farvi ottenere la svolta decisiva e cambiare stile di vita.

Il modello a quattro criteri

Il modello a quattro criteri si ricollega alla pianificazione orizzontale, incorporandone l'ultima fase, quella in cui effettivamente si agisce e si portano a termine le varie attività dei contenitori dopo averle passate in rassegna e aver fatto l'opportuna riflessione. Per questo tale modello potrebbe tornare utile in vari contesti, utilizzando diversi metodi, o addirittura senza necessità di essere incluso in altre metodologie.

Si basa semplicemente sull'azione e quindi trova diverse possibilità di utilizzo. È perfetto per chi ha difficoltà a riflettere sui propri comportamenti, per chi agisce impulsivamente e non bada troppo a quello che sta facendo, perché fornisce degli spunti di riflessione base, chiari e intuitivi.

1)   Prima di tutto, quando si agisce è bene considerare il contesto in cui ci si trova: cosa si può fare in quel luogo, in quel momento, con ciò che si ha a disposizione. Per ottimizzare tempi e attività è utile avere sempre chiara la situazione che si sta affrontando: ha senso discutere con un cliente per telefono, quando l'ora successiva ci sarebbe la possibilità di avere un confronto faccia a faccia?

2)   In secondo luogo è bene prendere in considerazione il tempo, ogni secondo è prezioso e se non si ha chiara la suddivisione dei propri orari, si rischia di perdere diverse ottime occasioni: non prendere in considerazione quei dieci minuti di tempo in cui state aspettando che vostra figlia esca da scuola e che sarebbero perfetti per pulire la

casella di posta, potrebbe significare dover trovare dell'altro tempo per inserire un'azione che, con la giusta attenzione, sarebbe già stata portata a termine.

3)   Il terzo aspetto su cui riflettere è l'energia che si ha a disposizione: ha davvero senso seguire il corso di formazione la sera, dopo un'intera giornata di lavoro? Non sarebbe meglio dedicarsi al riposo e così magari riuscire a svegliarsi quella mezz'ora prima per guardarlo freschi, attenti e riposati?

4)   L'ultimo e forse più importante aspetto da tenere in considerazione è la priorità: concludere per tempo e in tempo quei compiti con delle scadenze precise, o riuscire ad essere proprio coloro che fissano una scadenza e riescono a concludere tutto nei tempi stabiliti è una soddisfazione in più che vi farà continuare su questa strada e aumentare di riflesso produttività e organizzazione.

Come avrete notato questi ragionamenti si possono applicare sempre, sia che utilizziate questo metodo da solo, sia che vi avvaliate di diverse tecniche, la scelta è solo vostra.

La Kanban board

Un altro metodo per organizzare in modo molto pratico e veloce le attività da svolgere è quello di utilizzare la Kanban board, ovvero una tabella divisa in tre colonne: cose da fare, cose in sospeso e cose fatte.

Anche in questo caso il meccanismo è molto semplice e intuitivo: riempire le varie colonne con post-it in cui inserire le attività, i compiti e gli obiettivi da concludere, inserendoli a seconda della colonna appropriata.

Se ad esempio dovete andare dal dentista, pulire la cucina e consegnare un lavoro, all'inizio tutte queste attività staranno sulla prima colonna delle cose da fare, poi magari andrete dal dentista, inizierete a togliere tutti gli utensili dalla cucina e a lavorare sul progetto da consegnare. In questo caso il dentista passerà alla colonna delle cose fatte, mentre le altre due attività sulle cose in sospeso finché non verranno a loro volta, portate a termine.

Questo metodo è molto semplice e pratico da attuare, vi permette di avere davanti gli occhi tutte le attività da fare e di controllare il loro andamento, che può essere un ottimo incentivo.

La Kanban Board è un metodo visuale che permette di farsi un'idea immediata al primo colpo d'occhio.

È un modo perfetto per chi fa fatica a rendersi conto di aver effettivamente concluso diverse attività, per chi si focalizza più su ciò che deve ancora fare senza godersi i traguardi raggiunti, per chi tende a fare confusione o chi magari si ritrova a gestire diverse attività.

È perfetto anche per chi lavora su progetti condivisi con altre persone, o chi si occupa di gestire impegni non suoi (assistenti, segretarie, mamme).

Le matrici nella pianificazione

Un altro modo per affrontare la pianificazione in modo visivo, è quello di utilizzare le matrici a quadranti di Eisenhower: è sufficiente procurarsi una penna e un foglio da dividere in quattro.

1) Cose importanti e urgenti;

2) Cose importanti e non urgenti;

3) Cose non importanti e urgenti;

4) Cose non importanti e non urgenti.

Riempite i quadranti a seconda delle attività da fare e il gioco è fatto. Chiaramente il primo quadrante, quello delle attività urgenti e importanti sarà il primo a dover attirare la vostra attenzione; mentre quello delle cose né importanti, né urgenti può essere lasciato per quando si avrà del tempo libero.

La cosa importante a cui stare attenti è di non fare mai diventare le cose importanti anche urgenti, perché significherebbe che non avete rispettato i tempi e vi siete ridotti all'ultimo momento. Questo metodo potrebbe essere molto utile per chi è preciso e meticoloso, magari per chi ha più familiarità con le matrici o che comunque è determinato ad affrontare i propri impegni, senza cadere preda di ansia o agitazione.

Le liste: non è tutto oro quello che luccica

Eccoci finalmente arrivati al momento che tutti stavate aspettando: la lista di cose da fare.

Nella propria vita sarà capitato a tutti prima o poi, di stilare una lista: i pro e i contro per valutare qualcosa, gli invitati al matrimonio, la spesa e chi più ne ha più ne metta. C'è chi è più propenso e chi invece non ne sente la necessità, ma quella della lista giornaliera di cose da fare è una delle tecniche più semplici, veloci e naturali a cui è portato chiunque decida di avvicinarsi all'universo dell'organizzazione.

Prendere un foglio e fare la lista di cose da fare, magari utilizzando colori diversi e una legenda ben precisa per capire ambiti, importanza, urgenza o altro tuttavia, può anche rivelarsi non così efficace come sembra.

In effetti la lista può essere utile per buttare fuori tutto ciò che si ha nella propria testa sul momento, ma serve comunque una riflessione, un'analisi e una rielaborazione per fare in modo che risulti efficace e pratica da usare nel concreto.

Prendiamo come esempio la lista della spesa, che può essere considerata la meno pretenziosa di tutte, se si tratta di organizzazione. Si può fare la lista a seconda di come finiscono le cose in casa, senza un ordine preciso, ma solo per non dimenticarsi di cosa prendere. Eppure per renderla funzionale, sarebbe necessario riflettere un attimo e capire come gestirla: magari usando dei colori per evidenziare le diverse categorie di prodotti (frutta e verdura, carne, pesce, panificati, prodotti per l'igiene personale, prodotti per la pulizia...), o riordinando l'elenco secondo la disposizione del supermercato, o a seconda del peso (prima le cose pesanti e poi quelle leggere). I modi sono tanti e come al solito, sta a voi decidere come organizzarvi ma questo esempio serve per mostrare come ci siano liste e liste, che lo strumento è valido ma dipende sempre da come viene usato. A tal proposito anche a seconda di come viene vissuta, la lista può diventare fonte di soddisfazione e sostegno nell'organizzazione, così come di stress e ulteriore disordine.

Provate ad immaginare di scrivere su una lista tutte ma proprio tutte, le cose che avete da fare: senza un'opportuna revisione e analisi di cosa siano le cose urgenti, quelle utili, quelle che possono essere ignorate temporaneamente, si rischia di trovarsi davanti ad un elenco infinito di cose da fare, che possono sembrare un ostacolo difficile da superare e che possono diventare fonte di stress, frustrazione e ansia.

Questo è proprio ciò che si deve evitare: la lista deve essere, come tutti gli altri strumenti, qualcosa di utile, qualcosa che vi aiuti nel vostro percorso; nel momento in cui non lo è e anzi, diventa ulteriore fonte di disagio, non serve più e quindi è il caso di cambiare strumento o metodo.

Stilare liste è probabilmente una delle cose più

semplici e intuitive da fare specialmente se si è alle prime armi, tuttavia, avendo tanti altri metodi e strumenti che si possono usare, è opportuno valutare le varie possibilità che si hanno magari integrando questi elenchi con altre metodologie e cercando un equilibrio che sia davvero funzionale per voi e per la vostra organizzazione.

La libertà

Uno degli aspetti migliori e probabilmente più sottovalutati della pianificazione in effetti è proprio la libertà. Come è stato detto a inizio capitolo, quelli elencati sono solo alcuni dei metodi o degli strumenti che si possono utilizzare per organizzare al meglio le proprie attività e riuscire quindi a gestire il tempo a disposizione. L'elemento straordinario di tutto ciò sta nella versatilità di questi strumenti: siete voi e solo voi a decidere quali usare, quali preferite e quali proprio non vi piacciono, avete la libertà di provare, sperimentare, cambiarli a seconda dell'ambito o della situazione.

La libertà è l'aspetto migliore del time management ed è per questo che in tutto il manuale si è fatto riferimento al vostro senso di responsabilità, al fatto che siete voi a costruire il vostro percorso, che sono vostre le scelte che vi porteranno o meno al successo.

È anche vero che la libertà può fare paura, è importante riconoscerlo e comprendere che va bene così. È normale avere paura e temere questa immensa carica di libertà di cui si viene investiti e su cui magari non si era mai posta una riflessione. La libertà significa a tutti gli effetti responsabilità, significa non avere più qualcuno a cui dare la colpa, vuole dire proprio dover prendere in mano la propria vita per cambiare le cose. L'uomo è abituato a seguire delle regole precise, a fare ciò che gli viene richiesto o ordinato di fare, lo spirito di iniziativa di solito è riservato a situazioni ed ambiti ben precisi e protetti.

Ma comprendere quale incredibile dono sia la vita, il tempo e la libertà che ci vengono messi a disposizione è davvero quella spinta evoluzionistica di cui avete bisogno per cambiare.

Cercate di accettare un po' di paura e cercate anche di respirare la libertà che vi viene offerta: iniziate a decidere per voi.

IL TEMPO

Il momento migliore

Siete pronti: avete raggiunto la vetta di questo percorso travagliato alla scoperta del time management e adesso? Adesso è il momento di agire, di sperimentare, di vivere. Con una nuova consapevolezza siete finalmente pronti per affrontare le vostre giornate e imparare nel concreto a gestirle al meglio.

Il momento migliore per iniziare è adesso: il percorso non è finito, è giusto appena iniziato. Ricordatevi che dopo una montagna, ce n'è subito un'altra da scalare e più guardiamo il panorama, più tempo perdiamo nel contemplare il paesaggio.

Perché il momento migliore è adesso? Agire subito vi permetterà di superare quel pizzico di paura che interviene ogni volta che ci si appresta a fare qualcosa di nuovo. Non lasciatevi fermare dalla paura, come viene sottolineato poco sopra, un po' di paura è sana ma non vi deve bloccare. Agire vi serve proprio per darvi una spinta, per spronarvi a continuare, per darvi la conferma che siete in grado di fare qualsiasi cosa. Iniziare subito è il modo migliore per non perdere tempo: avete già fatto le dovute riflessioni, avete già analizzato la situazione, avete avuto tutto il tempo necessario per valutare il da farsi, adesso agite.

Se aspettate tempi migliori, il momento giusto, una condizione favorevole, passerete tutta la vita in attesa, sulla cima di una montagna a guardare sempre lo stesso panorama, senza darvi la possibilità di scoprire una nuova fauna, conoscere piante diverse, superare altre difficoltà e raggiungere una nuova vetta, da cui ammirare un altro panorama, magari più bello.

Cercate l'equilibrio tra la giusta ponderazione e l'azione: non ha senso lanciarsi da un aereo e vedere come va per vivere il momento; ma dopo aver fatto le giuste esercitazioni, avere capito come funziona il paracadute ed essere effettivamente pronti per lanciarvi, perché aspettare ancora? La situazione ideale non esiste, o meglio esiste se riuscite a cogliere gli elementi favorevoli del "qui e ora", così facendo ogni situazione è favorevole, ogni situazione vi dà qualcosa, ogni situazione è un buon momento per cominciare.

Insomma, è giunto il momento: carpe diem!

Ogni giorno è importante

Cogliete ciò che ogni singolo giorno vi può dare. Quando decidete di gestire il vostro tempo, questa è una cosa da tenere sempre a mente: ogni giorno è importante.

Qual è l'obiettivo che vi siete prefissati? Quello iniziale, il primo di tutti?

Migliorare la qualità della vostra vita grazie alla gestione del tempo, giusto?

Che sia gestire meglio i compiti di lavoro per passare più tempo con la vostra famiglia, che sia per riuscire a fare quell'attività per cui non riuscite mai a trovare un momento, che sia perché avete bisogno di una svolta. Volete cambiare il vostro modo di gestire attività, situazioni e compiti per riuscire effettivamente a vivere.

Se è così allora è necessario capire che la nostra vita è l'insieme delle scelte che facciamo giorno dopo giorno, ogni scelta determina qualcosa, ogni giorno vi porta più vicini al risultato.

Potrete davvero raggiungere l'obiettivo? Si, ma solo costruendolo mattone dopo mattone, giornata dopo giornata. Valutate la qualità della vostra vita in base a ciò che avete fatto, ai vostri traguardi, alle emozioni che provate, al grado di stanchezza o riposo che avete, alle persone che vi circondano: la vita è una ma allo stesso tempo è un insieme e quindi se riuscirete a dare valore ad ogni tassello, riuscirete a dare valore all'insieme stesso.

Riuscire ad essere consapevoli di ciò che si sta facendo nel momento in cui lo si sta vivendo, avere chiari gli obiettivi e portarli a termine un po' alla volta, riflettere sul bello della giornata: è questo l'obiettivo.

Il miglioramento lo si raggiunge ogni giorno a fine giornata, rendendosi conto di quali siano le azioni, i pensieri e le emozioni che hanno contribuito a rendere unico ciò che si ha appena vissuto. È solo con queste piccole consapevolezze che guardando indietro sentirete una soddisfazione concreta, reale, tangibile.

Ieri, oggi, domani

In molti casi si dice che guardare indietro non faccia bene, che sia doveroso mantenere un atteggiamento concreto nel presente e propositivo verso il futuro. In realtà, tutto il nostro tempo è importante: passato, presente e futuro, costituiscono la nostra vita per intero e tutta la nostra vita è importante, ciò che conta è non perdersi nel tempo. La gestione del tempo, lo sviluppo di una consapevolezza differente, di un mind set che valorizzi l'importanza del tempo a nostra disposizione, serve proprio a non farci perdere.

Il presente è il nostro tempo, quello in cui abbiamo la possibilità di agire, di cambiare, di dare un senso al qui e ora. Ma anche passato e futuro sono importanti e meritano considerazione. Dal passato possiamo imparare, scoprire errori, evitare di farli di nuovo e avere così la possibilità di crescere, ma come abbiamo visto, può essere anche un po' per fare il punto della situazione, per avere un incentivo rispetto a come stiamo vivendo.

Guardare indietro rappresenta un valido aiuto per comprendere di più noi stessi: ciò che siamo, quello che proviamo o pensiamo, come agiamo. È come un vecchio barbuto che dà consigli e fa critiche costruttive, un maestro che aiuta e sprona ad andare avanti.

Il futuro invece non lo si vede mai con chiarezza, è sempre una grande confusione di possibilità da cogliere, di scelte da prendere, di avventure non ancora vissute. Con una buona gestione del tempo però, possiamo entrare in mezzo a quel disordine, prendere qualcosa e cercare di sistemarlo, anticipare ciò che potrebbe essere, in modo da viverlo al meglio nel presente.

È come un bambino curioso che corre da tutte le parti, ma con la gestione del tempo possiamo dargli una ripulita e delle istruzioni sul da farsi, consigliarli una direzione precisa, quella che abbiamo deciso noi.

È importante rendersi conto che il tempo è dalla vostra parte. Passato, presente e futuro sono amici che vi aiutano a vivere nel migliore dei modi, ma come tutte le amicizie c'è bisogno di conoscersi, ascoltarsi e capirsi.

Si tratta semplicemente di capire quanto tempo passare con ciascuno di loro, troppi momenti in compagnia di passato o futuro, ci lasciano fermi in una vita non vissuta a rimuginare su ciò che è stato o su ciò che potrebbe essere.

Anche in questo caso la gestione del tempo ci aiuta a restare maggiormente in compagnia del presente, di focalizzarci su di lui per procedere con la propria vita nel migliore dei modi; ricordando però che qualche visita al futuro per capire cosa fare, o al passato per farsi consigliare e rilassarsi un po', è permessa.

Come sempre siete voi a scegliere: cercate di trarre il meglio da ogni tipologia di tempo che avete, il massimo dal presente, qualche momento per i ricordi o per gioire dei traguardi raggiunti, qualche momento verso il futuro per capire cosa vi aspetta!

Il bene più prezioso

TEMPO DI ESERCIZIO: è il momento di fermarsi di nuovo. Perché un traguardo è stato raggiunto ed è tempo di iniziare un nuovo cammino. A questo punto guardatevi indietro e cercate di capire se qualcosa è cambiato, se c'è stato qualche miglioramento, se c'è stata qualche rivoluzione. È il momento di tornare alla consapevolezza e alla gratitudine di cui si parlava all'inizio del libro. Prendetevi un momento adesso per pensare per cosa siete grati, cosa avete di importante per cui vi sentite di ringraziare, cos'è vostro, cosa possedete, cosa vi fa dire "grazie" dal profondo.

La vita: capire che essere qui vuol dire avere non una, ma molte possibilità. Vuol dire esistere, pensare, emozionarsi, agire. Vuol dire poter fare la differenza, potersi relazionare, poter lasciare un segno del proprio passaggio. La vita è un dono, è giunto il momento di rendersene conto e di ringraziare per questo. Iniziare a farlo sarà automaticamente un miglioramento in voi e nel vostro vissuto.

La salute: respirare, camminare, vedere. Sono tutte attività che si danno sempre per scontato. Non si fa mai caso all'importanza che le nostre mani hanno nel nostro vissuto fino a quando non ci si fa un taglio, non ci si brucia, non ci si rompe qualcosa. Anche rendersi conto della fortuna che si ha ad essere sani, a stare bene e ringraziare per la propria salute e per quella delle persone che ci sono vicine, a cui si vuole bene, può essere una rivoluzione nel nostro modo di vivere. Prestare attenzione alle fortune che abbiamo, a ciò che si ha e che spesso si sottovaluta, cambia il centro della propria attenzione, il punto di vista attraverso cui si guardano le cose e di conseguenza il valore che diamo a ciò che ci circonda.

Volete una vita più soddisfacente? Convincetevi di quanto già avete e ringraziate per questo: troverete ciò che state cercando.

Il tempo: si parte sempre dal presupposto che il tempo non passi mai, o che non si abbia abbastanza tempo, di come gli anni passino in fretta o di quanto tempo si impieghi x a fare y. Non si riflette mai sul tempo in sé: cos'è il tempo? Il tempo è un altro dono che la vita ci concede, così, senza chiederci nulla in cambio. L'essere umano è portato talmente tanto a credere che tutto gli sia dovuto, che non si rende conto di quanto in realtà gli venga messo a disposizione senza nessun tornaconto. Entrare in questa mentalità non è semplice: si viene educati a riflettere poco e fare molto, poco importa se non si sa cosa si sta facendo. Il modo migliore per vivere davvero e non perdere tempo è proprio questo, rompere tale meccanismo e diventare consapevoli del vostro vissuto. All'inizio potrebbe non essere piacevole ma, con pazienza e forza di volontà, le cose potrebbero migliorare, se le fate migliorare. Essere consapevoli del tempo che si ha è il primo passo, ringraziare per questo è il secondo, agire in modo da renderlo produttivo il terzo.

Ciò che si ha a propria disposizione non cambia. Vita, salute e tempo, sono doni che vengono dati a tutti e di cui tutti possono beneficiare. La differenza sta proprio nella consapevolezza di aver ricevuto qualcosa di incredibile, sta nella scelta di utilizzare queste possibilità al meglio, sta nella libertà di fare le vostre scelte, quelle che decidete voi.

Avete già tutto quello che vi serve, l'avete sempre avuto anche se, forse, non ve ne siete resi abbastanza conto. Ora avete anche quella consapevolezza che vi serviva: cosa state aspettando?

"Chi ha tempo, non perda (altro) tempo!"